VELO

Michaela Maria Müller, in Dachau geboren, wuchs auf einem Bauernhof zwischen Rhabarberstengeln und Himbeerstauden auf. Nach ihrem Realschulabschluss, Ausbildung zur Verlagskauffrau, Buchhändlerin in New York, München und Berlin studierte sie Geschichte und Politikwissenschaften an der Humboldt-Universität zu Berlin. Ihr Fan-Status: o.V. (ohne Verein), Ex-FC Bayern (ach, ja) und Ex-Union Berlin (weil kartenlos). Sie hat bisher drei Romane geschrieben, zuletzt „Zonen der Zeit“ (Quintus-Verlag, 2024). Sie schreibt außerdem Essays und Porträts für ZEIT Online, Merkur, Deutsche Zeitschrift für Europäisches Denken sowie taz.die tageszeitung.

Reihen-Hrsg. IKONEN:
Frank Willmann

ISBN 978-3-86391-427-1
voland-quist.de

Lektorat: Helge Pfannenschmidt

Umschlaggestaltung und Satz:
Guerillagrafik

Druck und Bindung:
BALTO print, Litauen

Verlag Voland & Quist GmbH
Gleditschstr. 66
D-10781 Berlin
info@voland-quist.de
www.voland-quist.de

MICHAELA MARIA MÜLLER

KLINSMANN

EIN BRIEFROMAN

Aufwärmen, Reinkommen

In 90 Minuten kann im Fußball alles passieren. Ich glaube, das war der Anfang von allem.

„Ah geh, Fuasboi, des ist doch wos für de Buam.“

In den USA war das da schon anders. Dort gab es High School Soccer Rankings für Mädchenmannschaften, Nachwuchsförderung und eine Nationalmannschaft, ach was, gleich mehrere, U17 aufwärts. Und er, Klinsi, hat Amerika damals schon gut gefunden. In seinem dunkelblauen Käfer-Cabriolet, das er vor Fernsehkameras ausfuhr, das Göppinger Kennzeichen schnittig rechts unten an der Stoßstange montiert, fuhr Snoopy mit. Da, wo am Armaturenbrett das Autoradio steckte, hatte Klinsi einen Comic geklebt. Snoopy stand mit einem Paddel auf einem SUP-Board im Wasser und wollte wissen: „Ist es noch weit bis Amerika?“ Er paddelte aber nicht Richtung Klinsi, der am Steuer saß, sondern Richtung Beifahrersitz, nach Osten, von Stuttgart aus also Richtung Pazifik, ein nicht unerheblicher Umweg. Aber was weiß man schon am Beginn einer Reise. Der Weg ist das Ziel. Und ich war verknallt in Klinsi.

Wann er und der Fußball in mein Leben gekommen sind, weiß ich nicht mehr genau. Ich rechne mit seiner Spielerbiografie zurück. Mit achtzehn wurde Klinsi Profi bei den Stuttgarter Kickers und ich kam zur Schule. Auf dem Platz des Zweitligisten spielte er in einem hellblauen Trainingsanzug. Für das Fernsehen wurde er als Nachwuchshoffnung interviewt, schaute verhuscht und schüchtern in die Kamera, als ob er dem, was er sagte, nicht ganz traute: „Das Schönste, was es gibt, ist doch, wenn man mit seinem Hobby ...“, er machte eine Pause bevor er weitersprach: „Geld verdienen kann.“ Er hat gerade eine Ausbildung als Bäckergeselle bei seinem Vater abgeschlossen, auf die der Vater bestanden hatte. Aber Klinsi musste nun nicht mehr nachts raus und in die Backstube.

Um diese Zeit stellte sich bei einem Zahnarztbesuch heraus, dass mich Dinge interessierten, die anders waren. Dass mich Dinge interessierten, die, naja, vielleicht nicht naheliegend waren, Fuasboi füa Madl zum Beispiel. Nach der Behandlung zog der Zahnarzt in der weißen Kittelschürze neben mir eine Schublade auf. Darin lagen Spielzeugautos und anderer Krimskrams, als Belohnung für die, die durchgehalten hatten. Und außerdem ein bezahnter Kiefer, mit dem er den Patienten und Patientinnen auf dem Behandlungsstuhl Bürstengriffe zeigte. Ich wollte kein Spielzeugauto, keinen

Krims und keinen Krams. Mich interessierten der nachgeformte Normkiefer und die perfekten Zähne, die darin steckten. Ich deutete darauf. Der Zahnarzt und meine Mutter sagten nichts. Meine Hoffnung wuchs, unerwartet mit einem rosa Kiefer nach Hause zu gehen. Dann wollten sie von mir wissen, was ich damit anfangen würde. Ich wusste es nicht. Ich fand ihn einfach schön. So wie Klinsi, als ich mich vier Jahre später in ihn verguckte.

Es begann in der fünften Klasse, als ich mal links außen neben Manu, mal zwischen Ekrem und Franzi saß. Als wir jeden Tag mit unserem Klassenlehrer Kopfrechnen trainierten und Dienstagnachmittag Blockflötenunterricht bei ihm hatten. Klinsis Talent funkelte in dieser Saison schon am Spielerhimmel und ging gerade ins Strahlen über. Strahlen ist überhaupt ein gutes Stichwort. Er hat gestrahlt für mich, nicht nur auf dem Platz. Dabei war ich Turbofan des FC Bayern München, insbesondere von Jean-Marie Pfaff, Norbert Nachtweih, Wiggerl Kögl, Klaus Augenthaler, aber vor allem von Lothar Matthäus. Doch niemand strahlte wie Jürgen Klinsmann. Ein cooler Grundoptimismus war es, der ihn durchs Leben zu tragen schien. Und wer so strahlte, konnte auch schweben.

Dass ich Klinsi gut fand, verstanden die Mädchen in der Schule, wenn ich ihnen ein Foto von ihm zeigte.

Er schien mit den *Bravo*-Postern von Morten Harket, Bono und Rick Astley mithalten zu können. Ich hatte die *Bravo* nicht, konnte sie aber bei meiner besten Freundin lesen. In der *Bravo* wiederum gab es die Briefe an das Dr. Sommer-Team. Ich hatte Riesenrespekt vor den Absendern und Absenderinnen: für ihren Mut, das alles aufzuschreiben und sich Hilfe zu suchen, und vor ihren Erfahrungen, die sie mir vorausshatten, um die ich sie aber nicht unbedingt beneidete. Von Ihhh bis Staunen war alles drin – und die Reichweite der *Bravo* war immens: vom Schulbus, auf den Pausenhof, ins Teenagerzimmer und zurück. Ein bisschen wie bei den Talkshows heute.

Ich war derweil von wenig weiter entfernt als von Boy meets Girl, Boy meets Boy oder Girl meets Girl. Die Buam hatten kein Interesse an meinen Fußballfantum und mir – und ich nicht an ihnen. Während die coolsten Mädchen in der Pause in die Raucherecke verschwanden, Röhrenjeans trugen, ihre Haare mit phantastischen Dauerwellenmähnen zerschossen, was in Blond besonders super aussah und ihre Augen in tiefen Kajalhöhlen versenkten, wollte ich am liebsten in Jungsklamotten herumlaufen. Meine Frisur bestand aus einem möglichst unspektakulären Topfdeckelschnitt. Jeden Morgen drückte ich dafür meine Haare mit einem entschiedenen Bürstenstrich an den Kopf, als ob ich damit bekräftigen wollte, dass ich nicht mitmachen würde. Jedenfalls nicht mit meiner Frisur, bei was auch immer.

Klinsis Mähne fand ich super. Halblang, bäckerblond. Cool und lässig. So saß er bei Jörg Wontorra, redete erwachsen und war doch der eine Junge von nebenan, von dem ich mir wünschte, dass es ihn gab, und der mich so nehmen würde, wie ich war, aufs Dagegen gebürstet. Auch wenn nicht ganz klar war, wogegen.
Auf jeden Fall war ich für Fußball. Aber ich war a Madl und wenn sich a Madl so richtig für Fuasboi interessierte, war das mindestens suspekt, wenn nicht sogar befremdlich. Doch das war okay für mich. So wie man eben okay ist mit etwas, von dem man weiß, dass es unverrückbar ist.

Unverrückbar waren meiner Erinnerung nach – von der ich inzwischen gelernt habe, ihr nur halbwegs zu vertrauen – im Alter von zwölf Jahren folgende Wünsche:

1. Boxen lernen
2. jeden Tag den gleichen dunkelgrünen Pulli tragen
3. Sonntags um neun nicht mehr die Messe besuchen müssen
4. ein Rad mit Herrenrahmen fahren
5. Jürgen Klinsmann treffen

Liebe C.,

ich habe für dieses Klinsi-Buch meine Briefe an Dich wieder gelesen. Ich bewahre sie immer noch in der grünen Kiste auf, die Du mir vor 25 Jahren geschickt hast, weil wir tauschen und uns an die Gedanken von damals erinnern wollten.
Weißt Du noch, wie wir uns eines Abends zum Abschied einen Zehn-Seiten-Brief versprochen haben? Wie wir uns am nächsten Tag in Deinem Zimmer gegenübersaßen und leise lasen,
was wir füreinander geschrieben hatten?

Wir haben mit der Bravo, Briefeschreiben, Gehen und Reden die Welt entdeckt. Wir haben uns ihr genähert, sie abgelehnt, uns vorangetastet und uns in ihr verankert. Keine Ahnung, was ich in der Zeit ohne Dich gemacht hätte.
Und was ich auch sagen will: Danke, dass Du das mit dem Fußball, Klinsi und mir jahrelang ausgehalten hast. Du hast Dich kein bisschen dafür interessiert.

Deine Michi

Die Verfußballung des Diercke-Weltatlas

Meine Welt franste nach Norden hin aus. Und zwar recht bald. Es gab Bayern, Preußen und einen nicht näher umrissenen „Rest der Welt“, der eigentlich äquivalent mit Preußen war. Genauer gesagt: Die Donau markierte meinen Weißwurstäquator. Hinter ihr begann Preußen.
Es stellte sich nämlich so dar: Bayern war zwar groß, aber Preußen war größer. Ein Konflikt, für den ich keine Lösung hatte. Außerdem redeten die Preußen zu viel. Und sie wussten alles besser. Viele waren nicht mal Katholiken. Das verlangte von dem Bayern, in dem ich lebte, auch aus weiter Entfernung nach einem kräftigen „Los mi in Rua“.
Die Sprechchöre von Blau-Weiss 90 Berlin „Zieht den Bayern die Lederhosen aus, die Lederhosen aus, die Lederhosen aus“, machten es nicht besser. Dass mein Bayern hinter der Donau aufhörte, brachte aber auch die Welt ins Wanken. Klinsi lebte da. Und er, er war nicht so.
Ab der fünften Klasse hatten wir Erdkunde, und zwar in einem Extraraum, wo zum Unterricht die Landkarten ausgerollt wurden. Wir lernten das Lesen von Legenden, die Maßstäbe, wir lernten über Kontinente, den Welthandel und Kartenarten.

Der Diercke-Weltatlas wurde mein Tor zur Welt. Die topografischen Karten mochte ich am liebsten: mit viel weitem Grün und hohem Braun, blauen Flussadern und roten Punkten für Orte, Städte mit ganz eigenen Umrissen, Ballungsräume.
Systemvergleiche zwischen der BRD und der DDR: Steinkohle im Pott, Braunkohle in der Lausitz. Die Veränderungen der Landschaft durch Bergbau und Industrie am Beispiel von Wolfsburg und Eisenhüttenstadt. Da, wo 1930 die Villa eines Gerichtsassessors und eine Eisenbahntrasse gelegen hatten, befanden sich 1985 das Volkswagenwerk, vier Bahntrassen, der Mittellandkanal, ein Hafenbecken – und eine neue Stadt. Da, wo 1950 eine Ziegelei und eine Eisenbahntrasse gelegen hatten und die Oder bei Fürstenberg einen Schlenker Richtung Polen machte, befanden sich 1985 die Kühltürme, das Kaltwalzwerk des Kombinats – und eine neue Stadt. Uran gab es hingegen nur einmal, unterhalb von Dresden, die Karte war da nicht genauer.
Das neue Wissen darüber aber war das eine. Preußen blieb halt Preußen, ob nun BRD oder DDR. Oder wie man beim FC Bayern leichtfüßig abkürzte: „Mia san mia."
Was mir bei der Fülle der Informationen im Atlas aber fehlte, war der Fußball. Ich wollte die Geburtsorte und Stationen von Spielern sehen. Überhaupt, die besondere Markierung für Bundesligavereine fehlte. Und natürlich auch für den Ort, an dem

Klinsi am 30. Juli 1964 geboren wurde: Göppingen. Ich fing kurzerhand an, den Diercke-Weltatlas zu verfußballen. Mit einem lila Stift unterstrich ich auf der Doppelseite *Bundesrepublik – Südlicher Teil* alle Städte, die in Verbindung mit meinem wachsenden Fußballwissen standen: Kaiserslautern, Karlsruhe, Ulm, Augsburg, Friedberg, Memmingen, Regensburg, Penzberg, Herzogenaurach.

Auf der Doppelseite *Bundesrepublik Deutschland/DDR – Mittlerer Teil* unterstrich ich nur zwei Orte: Leipzig und Markkleeberg. Ich war an ein großformatiges Fußballmagazin gekommen, das Spieler aus der DDR vorstellte. Und obwohl ich von dem Torwart René Müller nur ein einziges Foto besaß, war mir klar: Gfoin hätt er mia scho kenna, wie es im bayerischen Konjunktiv heißt. Er hatte seine Karriere bei der BSG Aktivist Markkleeberg begonnen und war dann Stammtorhüter beim 1. FC Lokomotive Leipzig geworden, stand in dem Magazin. Weil mich meine folgenden Recherchen aber ins Leere führten, ich nichts weiter bekommen konnte als ein Foto, erschöpfte sich meine Bereitschaft, René-Müller-Fangirl zu werden, bald wieder. Ich blieb also Klinsi treu.

Das zeigte sich auch in meinen Ergänzungen: Mehrfach, sodass ein dicker lila Balken dabei herauskam, hatte ich Stuttgart unterstrichen. Es war wie ein Versprechen. Ich würde eines Tages dorthin kommen und die Bäckerei in Botnang besuchen, wo Klinsi aufgewachsen war.

Überhaupt war ich beeindruckt, wie weit er schon herumgekommen war: Göppingen, Geislingen, Gingen, Stuttgart – siebzig Kilometer Radius mindestens. Er musste sogar schon umgezogen sein.
Auf die vorletzte Seite, hinter dem Register und vor einer Abbildung des nördlichen und südlichen Sternenhimmels und des Sonnensystems, klebte ich einen meiner raren FC Bayern-Aufkleber.

Meine erste Auswärtsfahrt

Nach Stuttgart waren es 210 Kilometer. Allein als Zwölfjährige nicht machbar. Überhaupt war ich so weit nördlich nie gewesen, abgesehen von einer Busreise nach Nürnberg, zu der mich meine Oma einlud. Für diese Reisen wurde in der Zeitung mit beigelegten Postkarten geworben, die meine Oma hinter dem Vorhang am Küchentisch aufbewahrte. Für zehn oder zwanzig Mark konnte man mit dem Bus ziemlich weit herumkommen. Eines Tages meldete sie uns beide für eine Reise an. Wir würden zum Nürnberger Christkindlmarkt fahren.

Die Abfahrt war so früh, dass mir Nürnberg als exotisches Fernziel erschien. Auf der Autobahn fuhren wir in das Morgengrauen eines Adventssamstags hinein, Regentropfen zogen sich am Busfenster breit. Draußen ragten die nadellosen, vom Sauren Regen zerfressenen Fichten hinter den Leitplanken in den Himmel.

In Nürnberg angekommen, stellte sich heraus, dass wir die meiste Zeit im Hinterzimmer einer Gaststätte verbringen würden. Ein Heizdeckenvertreter sprach in Kreisen, Kurven und Ellipsen, und in Ellipsen, Kreisen und Kurven zu uns. Irgendwann hatte er uns müde, mürbe und hungrig geredet, und endlich sah jemand ein, eine Heizdecke zu brauchen.

Meine hellste Erinnerung an diesen Tag bleibt, dass in dem Hinterzimmer bald darauf ein halbes Hähnchen vor mir auf dem Teller landete.
Bei Einbruch der Dunkelheit hatten wir endlich Zeit für das, wofür wir eigentlich da waren: einen Besuch auf dem Christkindlmarkt. Wir drückten uns dort aber nur kurz herum, weil sich meine Oma nicht in den langen Budenreihen verlaufen und kein Risiko eingehen wollte, den Bus zurück zu verpassen.

17 Meine erste Brieffreundschaft

In der Grundschule gab eine Zeitschrift fürs erste Lesen, die Flohkiste. Die Lehrerin legte mir in der vierten Klasse immer noch die neueste Ausgabe an den Platz. Da konnte ich längst lesen, aber meine Eltern hatten vergessen, das Abo zu kündigen. Ich ließ sie jedes Mal schnell im Schulranzen verschwinden. Zu Hause überflog ich nur noch die Kleinanzeigen. Da fand ich eines Tages eine Annonce:

Ich bin Yven (12) aus Ansbach und Fan des 1. FC Nürnberg. Suche eine Brieffreundschaft mit anderen Fußballfans.

Natürlich war der 1. FC Nürnberg fanmäßig ein No-Go. Im bayerischen Derby Punkte abliefen durften sie natürlich, aber das war's dann auch. Ich wog ab: Brieffreundinnenschaft mit einem Clubberer, ja oder nein? Für Ja sprach: Ich würde endlich mit einem Mädchen teilen können, wie sehr ich Klinsi, Lothar Matthäus, Jean-Marie Pfaff und Norbert Nachtweih über ihr fußballerisches Talent hinaus gut fand. So wie die anderen eben Rick Astley, Bono oder Prince gut fanden. Bestimmt hatte Yven auch jemanden in der Mannschaft, den sie anhimmelte. Ich ging in meinem Panini-Album die Mannschaft des 1. FCN durch und tippte auf den Torhüter Andreas Köpcke.

Stefan Reuter hielt ich für einen Topspieler, aber mein Typ war er nicht. Dieter Eckstein gefiel mir, ich schätzte ihn als Draufgänger ein, auf dem Platz und bei den Frauen.

Dank den Moderationen von Günther Koch aus dem Frankenstadion hatte ich wirklich ein wenig Sympathie für den 1. FCN. Wenn er sich am Samstag bei der Bundesligakonferenz meldete, überschlugen sich die Ereignisse dort und ich konnte nie sagen, ob das an ihm oder am Verein lag. Ich hörte im Hintergrund die wogende Stimmung der Fans aus der Nordkurve, von der ich meistens gleich auf den Spielstand schließen konnte. Wenn die Mikrofone ab 17 Uhr für alle Reporter gleichzeitig offen waren und es hieß: „Wir rufen Günther Koch“ oder er ein **Toooooooor für den 1 FCN, Toooooor für die Clubberer** in die Küche schickte, schlug mein Herz ein kleines, aber nur ein winzig kleines bisschen für den 1. FC Nürnberg.

Ich entschied: Die Aussicht auf einen Austausch über Fußball mit einem Mädchen, was eine neue Augenhöhe herstellte, war einen Versuch wert. Ich setzte mich an den ersten Brief, rechnete aber damit, dass sie es undenkbar finden könnte, eine Brieffreundin zu haben, die sich Richtung Südkurve verneigte. Ich schrieb trotzdem. Über den Fußball, meinen Verein. Das Ausmaß meines Fangroupietums in Richtung Klinsi deutete ich erstmal an. Ich rechnete, wie viele Tage ein Brief aus Ansbach brauchen konnte, schlug im Diercke-Weltatlas die Strecke nach und schätzte nebenbei, dass Yven es ins Frankenstadion ein wenig weiter als ich ins Olympiastadion hatte.

Yven schrieb zurück! Touchdown! Es war okay für sie, dass ich Bayern-Fan war. Im nächsten Brief traute ich mich, auszupacken, wie sehr ich Lothar Matthäus, Norbert Nachtweih und Jean-Marie Pfaff gut fand. Und Klinsi, ihn vor allem. Auch wenn er beim VfB spielte. Ich hoffte, sie würde auch das verstehen: Dass ich einen Verein hatte, aber mein Herz dem Spieler eines anderen gehörte.
In der Antwort ließ sie meine Fragen unbeantwortet. Aber Klinsi hielt sie für einen guten Stürmer und den wichtigsten Spieler des VfB. Wenigstens so viel. Eine Weile gingen Briefe zwischen uns hin und her, wobei Yven immer bei der fußballerischen Sache oder beim letzten Spieltag blieb und ich lang und breit meinem Fangroupietum für Klinsi Ausdruck verlieh. Und dann der letzte Brief. Ich zeichnete für Yven mit Buntstiften das Vereinslogo des FC Bayern München: weißblaue Raute, die Schrift super. Nie war mir das Logo so gut gelungen. Yven erwiderte mit einem weiß-roten Logo des 1. FC Nürnberg und ich spürte das erste Mal ein Funkeln zwischen uns. Der Brief endete mit „Dein Yven“. Ich hatte mich nicht verlesen, er hatte sich nicht verschrieben. Yven war ein Junge. Ich ließ die Briefe, die er mir danach noch schrieb, unbeantwortet.

Hi Yven,

ich habe auf Deine letzten Briefe damals nicht mehr geantwortet. Falls Du das liest: tut mir leid. Ich hoffe, jetzt verstehst Du es. Bist Du noch Fan vom 1. FC Nürnberg? Ich schaue jetzt lieber Länderspiele. Der FC Bayern geht nicht mehr. Union Berlin ist bis Ultimo ausreserviert und geht eigentlich auch nicht mehr. Und jetzt und hier: Klinsi, erinnerst Du Dich? Ich vermisse den Vereinsfußball manchmal. Ich war zwar Fan von einer erfolgreichen Mannschaft, aber nie Erfolgsfan. Mal sehen, wo es mich hintreibt.

Deine Michaela

21 Der erste Klinsi-Brief

Eines Tages war die Idee da, Klinsi zu meinem Brieffreund zu erklären. Ich würde ihm schreiben, was ich so machte, mich aber auch ein wenig interessant machen. Das lag mir überhaupt nicht, aber wenn ich es schaffte, vielleicht bemerkte er mich eines Tages? Und dann ...?
Ich entschied mich, die Briefe an die Bäckerei seiner Eltern in Botnang zu richten, die ich im Telefonbuch gefunden hatte. Bloß nicht an das Fanfach beim VfB, das bestimmt überquoll mit Autogrammanfragen und Briefen wie den meinen. Jeder Brief zählte, denn vielleicht hatte ich nur eine Chance, nur den einen Brief, den er öffnen würde. Wenn der nicht saß, war meine Chance vertan.
Ich rechnete damit, erstmal keine Antwort zu bekommen. Trotzdem nahm ich mir vor, dranzubleiben und hoffte, dass seine Mutter ihm eines Tages einen Stapel gesammelter Briefe mit der gewaschenen Wäsche mitgab und sagen würde: „Schau, wie viel dir das Mädchen schon geschrieben hat. Schreib ihr doch mal zurück."
Dann hätte sich der lange Umweg gelohnt. Dann würde ich eine Antwort von ihm bekommen. Oder wenigstens eine Autogrammkarte.
Ich hatte keine Ahnung, wie lange das dauern würde, aber ich wollte die Sache beschleunigen. Ich würde Klinsi ab sofort jeden Tag schreiben.

Klinsi war fast mein ganzes Leben älter als ich, zehn Jahre. Wie jemanden ansprechen, mit dem ich nie vorher Kontakt gehabt hatte? Wie ihn ansprechen, als schüchterne Person, die ich war? Die richtige Anrede finden, die erste Herausforderung.
Alles mit *Sehr geehrter* versuchte ich erst gar nicht. Es blieben:

Lieber Jürgen, – niemals, ich kannte ihn nicht!!!
Lieber Jürgen Klinsmann, – ich sprach niemanden mit Vor- und Nachnamen an – und dann mit *lieber* davor? Was sollte das für eine Kombination sein?!
Lieber Klinsi, – ich kannte ihn doch nicht und mit Spitznamen würde ich niemanden ansprechen, mit dem ich noch nie ein Wort gewechselt hatte!!
Lieber Herr Klinsmann, – hä, ich schrieb doch keinen Brief an einen Verwaltungsbeamten, in den ich mich verknallt hatte.
Hallo Jürgen, – das war zu unverbindlich und in der Kombination fiel mir auf, dass mir der Vorname Jürgen nicht gefiel.
Hallo Jürgen Klinsmann, – einen Brief, der so anfing, würde ICH nicht lesen.
Hallo Klinsi, – noch einmal das Spitznamen-Problem auf und das unverbindliche *Hallo* dazu – auf gar keinen Fall.
Am Ende schrieb ich, bei der Anrede errötend:

Lieber Jürgen,

ich bin zwölf Jahre alt, interessiere mich für Fußball und bin ein großer Fan von Dir. Ich weiß nicht, ob Du überhaupt Zeit hast, Briefe von Fans zu lesen. Mein Verein ist der FC Bayern München, weil mein Vater Bayernfan ist. Der VfB ist zu weit weg, obwohl ich überhaupt noch nie im Stadion war. Ich verfolge trotzdem alle Deine Spiele mit dem VfB.
Hoffentlich kannst Du das verstehen.
Ich hatte einen Brieffreund, der Fan des 1. FC Nürnberg ist. Wir haben uns eigentlich gut verstanden.
Morgen schreibe ich Dir wieder.

Herzliche Grüße
Deine Michaela[1]

Mein erstes Heimspiel

15. April 1987. Jeder Schritt vom Parkhaus zum Stadion verlangte eine Vergegenwärtigung der Überwältigung. Überall rot-weiße Schals um die Hälse und Handgelenke, vom Fandasein gebeutelte Jeanskutten mit Aufnähern – jeder Rücken einer zum Staunen, zum ersten Mal Fangesänge, die anhoben, abflachten, ineinander übergingen. Wir folgten den Fans, wie sie Richtung Eingang strömten. Es war gigantisch.
Ich war mit meinen Eltern und meinem kleinen Bruder unterwegs. An einem Mittwochabend nach ihrer Stallarbeit nach München. Unglaublich.

Nick Hornby, ausgerechnet Nick Hornby, schaute damals fast zeitgleich Arsenal gegen Liverpool, erfuhr ich später in *Feverpitch*:
„Und es gab wirklich Licht, wunderbaren und wunderbar angemessenen Aprilsonnenschein. Und obwohl man sich immer bewusst ist, welch ein Gefühl es ist, wenn der Winter vorbei ist, egal wie lange der Winter auch gedauert haben mag, gibt es nichts Besseres als ein Fußballstadion, besonders Wembley, um es dir vor Augen zu führen, weil du dort im schattigen Dunkel stehst und hinab auf das glitzernde satte Grün blickst.“

Mein Wembley war an diesem Aprilabend 1987 das Münchner Olympiastadion. Das Spiel mein erstes Bundesligaspiel. Und nicht irgendein Spiel, nein.

Bayern München gegen Werder Bremen. Der Furor, den ich gegen den SV Werder Bremen aufbrachte, schlug auf der Emotionsskala wie meine Liebe zu Klinsi aus – nur in die andere Richtung. Und an diesem Abend würde mein Furor richtig Fahrt aufnehmen.
Aber der Reihe nach. Ich trat zum ersten Mal in einen Stadionraum, in dem, ich weiß nicht wie viele, Kirchen Platz finden. Ich erlebte zum ersten Mal den Zauber eines flutlichterleuchteten Rasens. Und da war sie, die Anzeigetafel über der Südkurve, die ich aus der Sportschau kannte, einfach schräg oben in Sicht- nein, Griffweite.

Ich war am Anschlag, schon vor Anpfiff, ich hatte noch nichts begriffen, da liefen die beiden Teams schon auf. Wir – Vater, Mutter, Kind, Kind – saßen auf Schalensitzen wie die Hühner auf der Stange. Mindestens drei von uns vieren besuchten heute das erste Mal ein Stadion, die Südkurve war nicht in Frage gekommen. Ich schaute sehnsüchtig hinüber, horchte den Fangesängen zu, entzifferte Transparente, schwelgte in Rot-Weiß, beobachtete das Fahnengeschwenke, vor allem die großen, majestätischen bewunderte ich. Und am Spielfeldrand erkannte ich Udo Lattek.

Das erste Tor fiel in der 14. Minute.
Und zwar für den SV Werder Bremen. Torschütze war Rudi Völler. Es stand 0:1. An der Anzeigetafel blieb die Null hinter den Bayern stehen. Bei Werder Bremen erschien eine eins. Ich war fassungslos. Würde Werder mit drei Punkten über den Weißwurstäquator zurück nach Preußen fahren?
Ich fand mich außerdem wieder in der Unwiderruflichkeit des Stadiongeschehens, alles prasselte auf mich ein. Ich hatte grade versucht, auf der Ersatzbank Wiggerl Kögl und Uli Bayerschmidt zu finden, nachdem ich Udo Lattek identifiziert hatte. Dazwischen war das Tor gefallen. Ich hatte es verpasst. Und verpasst, war verpasst. Es gab keine Zeitlupe. Ich hatte das Tor gar nicht gesehen.

Zwanzig zähe Minute später, in der 34. Minute folgte der Ausgleich durch Michael Rummenigge. Endlich. Ich stieß mich bei meinem Ausgleichsjubel an den Schalensitzen.
Der Jubel währte nur kurz.
Neun Minuten später, in der 43. Minute, ging Bremen wieder in Führung, diesmal durch ein Tor von Thomas Wolter. Und das war der Pausenstand. Ich war bedient. In der Halbzeit spulte ich in meine Zukunft vor. Wie wäre es, ein Leben lang von diesem ersten Stadionabend und einer Niederlage erzählen zu müssen? Würde ich ein für immer zu bemitleidender Fan bleiben, mit dem ersten Spiel als Brandmarke?

Als das Team aus der Kabine kam, war alles anders. In 49. Minute traf Hans Pflügler. Bäm. Ausgleich. Und dann, ich konnte es kaum glauben, ein Tor von Lothar Matthäus! Die Schalensitze stauchten mir beim Jubel die Knie. Die Anzeigetafel mit dem Spielstand über der Südkurve leuchtete nur für mich. Hans-Peter Dellwing pfiff ab. Bayern hatte 3:2 gewonnen.

Lieber Jürgen,

ich war am Mittwoch zum ersten Mal im Olympiastadion. Dass Rudi Völler in der 14. Minute Bremen in Führung gebracht hat, war ein ziemlicher Schock. Für die Südkurve auch! Zwanzig Minuten später hat Rummenigge endlich ausgeglichen! Aber dann hat Thomas Wolter vor der Halbzeit noch ein Tor reingemacht.
Ich würde gerne wissen, was Trainer Euch in der Kabine sagen. Lattek hat das Richtige gesagt. Pflügler hat gleich nach der Pause den Raum gesehen und den Ausgleich gemacht. Zum Glück! Und dann erzielt ausgerechnet Matthäus den Siegtreffer!
Glückwunsch zu Deinem Tor gegen den 1. FC Köln! Es wird Michael Wollitz überrumpelt haben, wieso sonst schießt man eine Minute später ein Eigentor?! Zählen Eigentore eigentlich bei der eigenen Torbilanz?
Ich habe gelesen, dass Du mit acht Jahren zum ersten Mal im Stadion gewesen bist, gegen die Hertha. Dein

Vater ist Herthaner, aber Stuttgart hat an dem Abend 4:0 gewonnen. Er hat Dir eine Hertha-Fahne geschenkt. Hast Du sie noch?

Vielleicht kannst Du mir ja mal antworten, wenn Du Zeit hast?

Deine Michaela

Die Devotionalien

Dass meine Vereinsfußballliebe und mein Fangroupietum zwei Paar Stiefel waren, merkte ich, als ich endlich das Geld für ein Trikot zusammengespart hatte und vor der Entscheidung stand: VfB oder Bayern München?

Die Unfreiheit umarmte mich unerwartet von hinten: Als Kind, das von einem Milchviehbetrieb in Oberbayern stammte, mit einem VfB-Trikot, auf dem die schwäbische Molkerei Südmilch als Sponsor warb, unterwegs zu sein, hätte mich jeden Tag, an dem ich es trug, in erhebliche Erklärungsnöte gebracht. Ab dann hätte ich Familie, Freundinnen und Freunden, aber vor allem Fremden in allen VfB-Belangen Rede und Antwort stehen müssen, denn ein Trikot ist Statement und Gesprächsangebot zugleich. Mich interessierte aber außer Klinsi wenig am Stuttgarter Fankosmos. Mein Herz schlug rot-weiß und nicht weiß-rot.

Meine Wahl fiel also auf das Bayerntrikot, auf dem der Sponsor Commodore warb. Ich kannte mich mit Computern kein bisschen aus. Auf dem Trikot fand ich Commodore trotzdem besser als den letzten Sponsor des FC Bayern, Iveco-Magirus. Es war nicht einfach: Südmilch wollte ich nicht tragen, andererseits hätte ich auch nicht mit Nutzfahrzeug-Werbung auf der Brust herumlaufen wollen.

Also Commodore statt Südmilch. Aber waren Sponsoren nicht eigentlich Trittbrettfahrer, die sich im Vereinsglanz sonnten? So war das wohl. Doch war ich das nicht auch, eine Trittbrettfahrerin? Nichts hörte ich von Nichtbayernfans öfter als: Ach, die Bayern. Pfft. Die mit ihrem Erfolg. Jaja. Wenn du Fan von xyz wärst, wüsstet du, was Fußballliebe wirklich heißt. Ich hatte da Zweifel und glaubte: Der Verein, für den man bestimmt war, fiel einem zu. Das begann schon mit der Familie, in die man hineingeboren wurde. Mit all den Irrungen und Wirrungen, die das mit sich brachte.
Und überhaupt: Warum sollte ich mich vom FC Bayern abwenden? Um mehr leiden zu dürfen? Ich war doch nicht Jesus.

Der Verein, für den man bestimmt war, fiel einem zu. Daran glaubte auch Nick Hornby, und darüber bin ich rückwirkend sehr froh. Sein Verein war Arsenal London. Sein Fantum für Arsenal würde jedoch verantwortlich für den schlimmsten Augenblick seiner Teenagerjahre sein, den er bei einer Partie gegen den FC Reading mit einer gegnerischen Fan-Familie erleben musste. Hornby war in dem Londoner Vorort Maidenhead aufgewachsen und das nächstgelegene Stadion war das des FC Reading. In England ist es Ehrensache, zum nächstgelegenen Verein zu gehen. Eine Herkunft aus Maidenhead ging aber mit einigen Minderwertigkeitskomplexen einher, die Hornby mit viel Anstrengung kompensieren konnte. Nur an diesem Nachmittag nicht. Satz für Satz entlockte der Reading-Vater Hornby die Maidenhead-Herkunft und sagte am Ende: „Du solltest heute Nachmittag nicht für Arsenal sein. Du solltest für dein Heimatteam sein.“ „Meine vollständige, ausgeklügelte und perfekt erdachte Welt brach krachend um mich herum zusammen und fiel mir in Brocken vor die Füße“, schreibt er. Und an dem Nachmittag, als ich mein Trikot fertig machte, stand mir eine Erschütterung von vergleichbarem Ausmaß bevor.

Es war ein feierlicher Moment, das erste Mal über das rote FC-Bayern-Trikottextil zu streicheln. Ich würde das Gleiche tragen wie die Spieler auf dem Platz. Mein Herz, das war längst rot, mein Oberkörper jetzt bald auch und ich war dem FC Bayern noch ein wenig näher. Naja, bis der Sponsor wieder wechselte.
Mir war klar, welchem Spieler ich dieses Trikot widmen würde: Lothar Matthäus. Er, der um keine Antwort verlegen war, dessen Spiel und Blick mich immer wieder verzauberten, der im Gegensatz zu mir souverän einen Platz überblickte. Und Lothar war noch so viel mehr als das. Ohne Klinsi in meinem Leben wäre mit Lothar, dem FC Bayern und meinem Fantum die Heilige Dreifaltigkeit perfekt gewesen. Schade nur, dass Lothar schon Silvia hatte. Er trug sie, wie es sich gehörte, auf Händen, und zwar im wahrsten Sinne des Wortes: Für ein Fotoshooting hob er sie lässig in die Höhe, sie trug

ein Jeansoutfit und weiße Turnschuhen mit ultracoolem Print.

Ich hatte ein Trikot ohne Nummer gekauft, denn die nummerierten waren teurer. Auf meinem fortan bayernmünchenroten Rücken würde ich die Lothar-Matthäus-Acht eigenhändig anbringen. Meine Handarbeitsnoten wollten mir noch sagen, dass ich das besser sein lassen sollte. Ich hörte nicht auf sie. Es war plötzlich Ehrensache. Ich besorgte weißen Filz und riss mich zusammen, zeichnete mühsam die Acht, die nicht den Unendlichkeitsschwung einer handgeschriebenen Acht hatte, sondern im Gegenteil ziemlich viele Ecken und Kanten aufwies, mit Bleistift auf den Filz. Ich wusste, ich würde über dem Scherenschnitt schwitzen, der als nächstes an der Reihe war. Mit der Bastelschere aus dem Federmäppchen versuchte ich es zuerst. Sie schnitt den Filz gut, war aber stumpf, damit konnte ich den Innenraum der Acht nicht ausschneiden. Dafür nahm ich eine Nagelschere. Mit ihr ließ es sich aber nicht auf lange Strecke schneiden. Die Finger taten mir bald weh. Das erste Mal erfuhr ich the hard way, dass gutes Werkzeug das A und O war. Am Ende sah die Acht aus, als hätte ich beim Schneiden vor etwas Angst gehabt, weil der Filz an den Ecken und Kanten ganz verzittert geriet. Doch am verhängnisvollsten war: Als ich meine Loddar-8 in den Händen hielt und auf das Trikot legte, hatte ich keine Geduld mehr. Es konnte mir plötzlich nicht schnell genug gehen.

Ich wollte es endlich anziehen und ein bisschen matthäusgleich sein. So schnell es ging, fingerte ich den Kleber aus dem Federmäppchen, pappte die Loddar-8 an und nähte sie anschließend mit einem schnellen Vor- und Rückwärtsstich an, bevor ich ins Trikot hechtete. Ich war vom Handarbeiten ins Basteln übergegangen und die Folgen waren verheerend. Nie hätte ich mich in ein Stadion damit getraut, ich trug es nur zur Bundesligakonferenz vor dem Radio.

Meine Fan-Tasse steht hingegen noch heute im Schrank. Auf ihr sind alle Trophäen abgebildet und die Jahre der Titelgewinne aufgezählt. Das waren 1987 schon eine Menge, so viele, dass das alles auf der Tassenoberfläche kaum noch Platz fand und den Designer augenscheinlich vor Herausforderungen stellte: Das FC Bayern-Logo bildet den Mittelpunkt, zwischen den Trophäen läuft schräg der Vereinsname und dann folgt die Salve an Titeln, peng, peng, peng:

- Meisterschale: 1932, 69, 72, 73, 74, 80, 81, 85, 86, 87
- Europapokal der Landesmeister: 1974, 75, 76
- Weltpokal 1976
- Deutscher Pokalsieger: 1957, 66, 67, 69, 71, 82, 84, 86
- Europacupsieger 1967
- Supercup 1987

Ich sah es als ein Zeichen von wo und wem auch immer, dass der FC Bayern in meinem Geburtsjahr Meister geworden UND den Europapokal der Landesmeister gewonnen hatte.
Außerdem schaffe ich mir nach dem Besuch im Olympiastadion eine Fahne an, vielleicht 30 auf 50 Zentimeter. Nicht der Rede wert, aber besser als gar kein Schwenktextil.

Lieber Jürgen,

ich habe jetzt ein Bayern-Trikot und auch eine Fahne. Eine kleine, und der Holzstab ist abgebrochen. Jetzt kann ich sie nicht mehr hochhalten, obwohl es eigentlich darauf ankommt. Ich habe sie in meinem Zimmer an die Wand gehängt. Hast Du Deine Hertha-Fahne noch? Obwohl Du jetzt beim VfB bist?

Herzliche Grüße
Deine Michaela

Zu Besuch

Der Wunsch wuchs ins Unermessliche, den Ort zu sehen, an dem Klinsi aufgewachsen war: die Bäckerei seiner Eltern in Stuttgart-Botnang. Ich fuhr mit dem Finger die Luft- und Straßenverbindungen im Diercke-Weltatlas nach und nahm den Shell-Atlas zur Hilfe. In der Post am Bahnhof, wo Telefonbücher auslagen, fand ich die Nummer und die Adresse in Stuttgart: Eltinger Str. 42.
Wenn es einen Weg dorthin gab, führte er über meinen Vater. Nur er fuhr längere Strecken mit dem Auto. Ich hatte auch ein Foto von dem Haus gesehen. Unten befanden sich die Backstube und der Laden, oben die Wohnräume, wie bei unserer Bäckerei im Dorf. Da, wo ich die Zigaretten für meinen Opa holte, da, wo der einzige Briefkasten im Dorf montiert war. Und da, wo mein Vater in der Früh nach der Stallarbeit Semmeln und Brezen holte und es offenbar nichts ausmachte, dass er mit seinen Arbeitssachen auftauchte, die nach Kuhstall rochen. Ob das bei den Klinsmanns auch keine Rolle spielte?
Jeden Morgen, wenn ich mich auf den Weg zur Schule machte, saßen meine Eltern und Großeltern um den Frühstückstisch mit Semmeln, Brezen und einer geteilten Zeitung. Und ich stellte mir vor, wenn ich aus der Tür ging, wie die Brezen aus Stuttgart schmecken würden.

Ich wollte sehen, wo Klinsi nach dem Realschulabschluss, auf den ich gerade hinarbeitete, neben seinem Vater in der Backstube gestanden hatte. Ich stellte mir im Rücken seiner Mutter, die in einer ärmellosen, weißen Rüschenschürze verkaufte, das Brot und die Brötchen im Regal vor. Und den Vater, der manchmal in den Verkaufsraum hereinschaute, wenn es etwas zu besprechen gab, mit einer Bäckermütze, die wie ein gefaltetes Papierschiffchen aussah, er überhaupt ganz in Weiß. Und ein Glastresen mit ein paar Aufklebern und einer Auslage mit Blechkuchen und Gebäck darin, die Bäckerblume neben der Kasse. Klinsi und seine drei Brüder, die Sonntagmittag zum Essen kamen. Sein weißes Golf-Cabriolet oder der blaue Käfer in der Einfahrt geparkt. Ein Familienbetrieb wie der, aus dem ich kam.

Die Chance, dass Vater meiner Bitte, nach Stuttgart zu fahren, nachkommen würde, schätzte ich nicht besonders hoch ein. Aber er sagte ja. Ich konnte es kaum glauben. Er sagte ja unter einer Voraussetzung. Er würde mit mir fahren, wenn ich ein gutes Zeugnis hatte. Was das genau hieß, wusste ich nicht. Also lernte ich und lernte – für einen Besuch in der Bäckerei Klinsmann.

Ich würde in den Laden gehen und zwei Brezen kaufen. Würde so tun, als ob ich zufällig hier war, würde kein Wort über meine Briefe verlieren. Würde cool sein, auch wenn ich nicht so aussah.

Mit meinem Vater war ich noch nie allein on the road gewesen, wenn er nicht als Landwirt unterwegs war. Manchmal hatte er mich mit nach München genommen, wo wir mit Bulldog und Anhänger zur Spaten-Brauerei fuhren, um Treber für die Kühe zu holen.

Ein Bulldog mit Anhänger, ging mir dabei auf, war nicht das schnellste Fortbewegungsmittel in einer Landeshauptstadt. Unsere Spur blieb die rechte, links überholten uns die Autos. Ich wartete darauf, dass wir eines Tages in den Verkehrsnachrichten auftauchen würden, weil wir als *sehr langsames Fahrzeug auf der rechten Fahrspur* den Verkehr stadteinwärts zum Stocken brachten. Der Weg zur Brauerei, die in der Nähe des Hauptbahnhofs lag, zog sich. Eine Unterhaltung war nicht möglich. Der Bulldog war nach hinten offen und der Verkehrslärm hüllte uns ein wie eine Abgaswolke.

Die Stadt war um das Brauereigelände herumgewachsen. Auf dem Hof standen Pferde mit starken und schwerfälligen Leibern im Kreis. Während ich sie bestaunte, bröckelte und bröselte der dampfende Treber aus einem Rohr auf den Anhänger, bis ein Gebirge sich auf ihm türmte. Fürs Abholen bekam mein Vater Bier- und Hendlmarken für das nächste Volksfest. Dann fuhren wir eingehüllt in eine Treberfahne den gleichen Weg nach Hause. Ich war froh, wenn mein Vater auf dem Rückweg das Radio nicht anmachte.

Lange vorher begann ich zu überlegen, was ich mit dieser Chance, nach Stuttgart zu fahren, anfangen sollte. Ich würde mich im Laden nicht trauen, nach ihm zu fragen. Das machten bestimmt alle. Trotzdem war sicher jedem Anwesenden klar, dass ich eine Klinsine war, sobald ich die Schwelle überschritt. Und was, wenn seine Mutter verkaufte, die mutmaßlich jeden meiner Briefe in Empfang genommen hatte? Ich würde zwei Brezen verlangen, das Geld auf den Tresen zählen, die Tüte und das Rückgeld nehmen. Das würde mein Zeitfenster sein, nicht mehr, nicht weniger.

Dann war der Tag endlich gekommen. Ich bekam es mit der Angst zu tun, dass mein Vater sich verfahren würde und hatte den Diercke-Weltatlas auf der Rückbank und den Shell-Autoatlas auf dem Schoß. Mit dem Finger rückte ich Stück für Stück die A8 entlang. Abfahrt für Abfahrt trackte ich unseren Standort, während wir uns Stuttgart-Botnang näherten.

Wir fanden es. Da war es, das Haus. Mein Vater parkte davor. Aber etwas stimmte nicht, merkte ich gleich. Das Licht im Laden war aus, niemand war drin, keine Verkäuferin, keine Kundin, die Türe zu. Die Bäckerei Klinsmann machte Mittagspause. Daran hatte ich nicht gedacht, nicht eine Sekunde. Und wir, wir konnten nicht warten. Mein Vater musste um vier Uhr zurück im Stall sein. Es würde keine Breze und kein Zeitfenster, geben. Nada.

Ich schaute mir das Anwesen lang aus dem Auto heraus an. Auf der Rückfahrt lief im Radio *Fata Morgana* der *Ersten Allgemeinen Verunsicherung:*

„Wie eine Fata Morgana,
so nah und doch so weit,
wie eine Fata Morgana.
Abrakadabra – und sie war nicht mehr da!"[1]

Lieber Jürgen,

wir waren gestern bei der Bäckerei Deiner Eltern gewesen. Es war geschlossen. Ihr hattet Mittagspause. Ich hätte gern zwei Brezen gekauft. Oder sagt Ihr „Brezeln"? Wir mussten leider wieder zurück und konnten nicht warten, bis Ihr am Nachmittag wieder aufmacht. Schade, dass das nicht geklappt hat. Hast Du meinen letzten Brief bekommen?

Deine Michaela

Das Panini-Sammelalbum

Wie viele Jungs investierte ich mein Geld in Panini-Sticker. Meine Sammelleidenschaft war sehr gezielt. Wenn ich Klinsi bekam, würde ich aufhören. Und ich würde ihn nie in das Album kleben. Sein Platz war bei mir. Bei 16 Aufklebern pro Mannschaft und einmal das Vereinslogo à 18 Bundesligateams machte das eine Wahrscheinlichkeit von ungefähr 1:300. Ich konnte auch mit niemandem tauschen, weil ich mich nicht traute, auf die Jungs zuzugehen. Und ich wusste nicht, wohin mit den anderen Stickern. Vor allem mit den doppelten. Besonders viele flatterten mir von Bayer 05 Uerdingen entgegen, dem kleinen Bruder des langweiligen großen Bayer 04 Leverkusen. Ich versuchte trotzdem, den Spielern etwas abzugewinnen. Wolfgang Funkel war fesch, Matthias Herget auch, aber nicht mein Fall. Ich wartete auf Klinsi.

Überhaupt konnte ich mich bei Bayer 05 Uerdingen zu keiner Sympathie aufschwingen. Es war kein Anti-Furor wie bei Werder, niemals, aber sie hatten 1985 den FC Bayern im Finale des DFB-Pokals 2:1 geschlagen und durften den Pokal, den ich viel schöner als die Meisterschale fand, weil er mit hellen Bergkristallen und türkisen Turmalinen besetzt war, mit nach Uerdingen nehmen.

Ich stellte mir Uerdingen als einen Ort mit baumlosen Straßen vor, die Fassaden der Häuser schwarzgerußt. Und der Rhein, an dem Uerdingen lag, war damals sowieso tot, da war bis 1988 nichts zu machen, als ihn der Umweltminister Klaus Töpfer mit einem Kopfsprung wiederauferstehen ließ.
Völlig ausgeschlossen war es jedoch, als Zwölfjährige Fan des 1. FC Homburg zu sein. Der Verein tat mir fast schon leid, aber es war der Trikotsponsor Durex, der den Club und seine Spieler vollends disqualifizierte. In meiner Alterszielgruppe erreichten sie mit der Wahl ihres Sponsors genau das Gegenteil ihrer Marketingabsicht. Wer würde schon mit dem Trikot eines Kondomherstellers durch die Stadt laufen wollen und dabei nicht vor dem Kihihi der Gleichaltrigen in die Knie gehen? Am Ende fand ich eine Verwendung für die Aufkleber des 1. FC Homburg und des SV Werder Bremen, ein Farbmatch der Vereinsfarben, hell- und dunkelgrün: Ich beklebte mit ihnen das schmucklose Plastikdrumherum an einer Klobürste.
Und eines Tages kam Klinsi zu mir.

Lieber Jürgen,

heute war Dein Panini-Aufkleber in einer Packung!! Er liegt neben mir auf dem Tisch. Endlich kann ich aufhören zu sammeln.

Herzliche Grüße
Deine Michaela

Das Spielertelefon

Ein Spieler des FC Bayern am Telefon der Zeitung, das war wie Insta-Live in den 1980ern. Für eine Stunde stand da jemand aus dem FC Bayern-Kader den Fans Rede und Antwort. Die interessantesten Fragen wurden geadelt, indem man sie am nächsten Tag in der Zeitung abdruckte.

Norbert Nachtweih kam. Ich war hungrig, aber ich traute mich nicht. Der zurückhaltende Roland Wohlfarth kam. Ich war noch hungriger, traute mich aber immer noch nicht. Als ich die Fragen der Anrufer am nächsten Tag in der Zeitung las, versetzte es mir einen kleinen Stich. Das konnte ich doch auch. Es vergingen Monate bis zum nächsten Spielertelefon. Dann wurde Klaus Augenthaler angekündigt.

Ein Niederbayer, geboren in Fürstenzell, das gerade noch so am südlichen Strand der Donau lag. Inzwischen wusste ich auch, dass mein innerer Weißwurstäquator nicht einmal den ganzen Freistaat einschloss. Der komplette Bayerische Wald würde in meiner Weltsicht fehlen. Ich studierte Augenthalers Foto in der Zeitung und fasste Vertrauen.

Alles war nichts ohne eine gute Frage. Professionell, nicht zu privat und doch mit Tiefe. Es begann, in meinem Kopf zu rattern: Wie waren seine letzten

Spiele gelaufen? Gut. Er hatte selten Hänger. Hatte er ein Vertragsangebot anderswo? Auge war seit 1975 beim Verein, einer der zuverlässigsten, treuesten Spieler, also vermutlich nicht. War der FC Bayern sein Traumverein? Eine andere Antwort als JA hätte ich weder erwartet noch gelten lassen! Wie trainierte er als routinierter Freistoßschütze seinen harten Schuss? Ich machte da nämlich keine Fortschritte. Fangroupie-Fragen hatte ich auch parat, sortierte sie aber als zu peinlich aus und verbannte sie nach weit hinten im Hirn: Hatte er schon mal mit Klinsi gesprochen? Bestimmt. Was frühstückte er? Ich tippte auf Weißwürste. Hatte er eine Freundin? Bestimmt. Was war seine Lieblingsfarbe? Ich tippte auf Rot. Glaubte er an Sternzeichen? Er war Waage, vermutlich nicht.

Manchmal wurde auch ein Spieler vom TSV 1860 München in die Redaktion eingeladen. Aber die Löwen waren Luft für mich. Sie spielten Ligen tiefer. Na gut, Bayernliga, nur zwei Ligen, und Bayernliga klang eigentlich ziemlich cool, machte jedoch auch den Klassenunterschied deutlich, denn die zweite Mannschaft des FC Bayern war ihr direkter Ligakonkurrent. In der Bayernliga fand ich aber auch vertraute Namen wie den TSV Eching, FC Augsburg, SSV Jahn Regensburg und die SpVgg Bayreuth vertreten.

Doch an keinen einzigen Sechzger hätte ich eine Frage

gehabt, deren Antwort mich auch nur ansatzweise interessierte. Und der Löwen-Präsident Karl Heckl trug sein Übriges dazu bei, dass sich alles andere als Sympathie entwickelte, indem er Sätze wie „Alle Löwen lachen, wenn die Bayern Pleite machen“ in die Welt schickte.

Ich kehrte zu meinem geplanten Anruf beim Spielertelefon mit Auge zurück. Dieser konnte an mehreren Dingen scheitern:

- Der eigenen Aufregung
- Die Leitung war belegt
- Klaus Augenthaler war krank
- Ich würde kein Wort rausbringen
- Meine Fragen waren so schlecht, dass Augenthaler auflegte oder an den Redakteur zurückgab

An dem Tag konnte ich mich kaum auf den Unterricht konzentrieren. Ich hatte meinen Zettel mit den Fragen im Federmäppchen dabei, änderte, strich, ergänzte bis zum letzten Moment. Um 13 Uhr war Schulschluss. Ich stellte mir vor, dass Augenthaler zwischen zwei Trainings und nach dem Mittagessen von der Säbener Straße zur Redaktion fuhr. Es war 13.30 Uhr, als ich mein Rad vor dem Haus abstellte. Ich konnte nichts essen. Ich hatte Puls und Schmetterlinge im Bauch. Um 14 Uhr war es so weit.

Würde ich durchkommen? Wie würde die Stimme klingen? Käme ich klar damit? Aber das Wichtigste war erstmal: Durchkommen. Ich hatte einen heißen Tipp bekommen. Wenn auf einer Telefonnummer viele Menschen gleichzeitig anriefen, die ganze Nummer bis auf die letzte Ziffer wählen. Warten. Geduld haben. Und dann, ganz langsam wie in Zeitlupe die letzte Ziffer auf der Wählscheibe wählen.

Ich hielt die Luft an, ob zwei langgezogene Töne folgten. Sie folgten.

Die Leitung war frei. Es klingelte, einmal, zweimal. Eine Männerstimme am anderen Ende, ein unbekannter Name, nicht Klaus Augenthaler. Ich erinnerte mich durch den Nebel meiner Aufregung: Es war der Name eines Sportredakteurs. Ich sprach mit einem echten Sportredakteur. Auch das noch. Er nahm Namen, Alter und meine Fragen auf, die ich auf dem zerknitterten Zettel neben mir liegen hatte. Mein Herz schlug bis zum Hals. Würden meine Fragen durchgehen, würde er sie ablehnen? Dann sagte er, ich sollte warten. Er schien keine Einwände zu haben. Ich wartete also. Und dann:

„Klaus Augenthaler, hallo?“

Auge war in meinem Ohr. Unglaublich.

„Hallo?“

Er war es wirklich. Er, der den Durchblick auf dem Platz hatte und berühmt für seine präzisen Pässe und Freistöße war. Ich stellte meine Fragen.

Nach jeder Frage war ich so fix und fertig, dass ich mich nicht mehr auf Auges Antworten konzentrieren konnte, so groß war die Aufregung. Da nützte auch Auges sympathische Stimme nichts.

Lieber Jürgen,

heute war Klaus Augenthaler am Spielertelefon des Münchner Merkur. Ich bin durchgekommen und habe ihn gefragt, ob seine Eltern ihn unterstützt haben, Bundesligaspieler zu werden, so wie Dein Vater Dich. Hast Du Dich schon mal mit ihm unterhalten?
Die besten Fragen werden jetzt ausgesucht und morgen in der Zeitung abgedruckt. Schade, daß Du nie hier am Spielertelefon sein wirst. Oder Du wechselst eines Tages zum FC Bayern?
Bis morgen.

Herzliche Grüße
Michaela

Der SV Günding

Ich konnte den Ball über das Dach der Werkstatt schießen. Ich konnte ihn vier- bis fünfmal hintereinander gegen das Werkstatttor donnern, sodass die Farbe abblätterte. Ich konnte ihn knapp über die Telefonkabel kicken, was ich eigentlich nicht sollte, seit ich einmal mit einer Tüte und einem Wollfaden Drachensteigen gespielt hatte. Ein Stromschlag sei nicht auszuschließen, wenn ich da unten am Boden stünde, meinten meine Eltern. Dann war der Wollfaden wirklich im Telefonkabel hängengeblieben und seitdem flatterten die Fetzen der Tüte im weißblauen Himmel.
Aber immer, bei jedem Schuss galt: So hoch hinaus wie möglich. Je höher, umso größer der Traum. Ich haute meine gelben Raketenbälle testweise in verschiedenen Winkeln übers Dach. Wie eine zweite Sonne, ein Parallelfixstern stiegen sie in den Himmel hinauf. Ich weiß. Mit Fußball hatte das wenig zu tun. Ich sah meinen Bällen trotzdem gern zu, wie sie über dem Giebel der Werkstatt in den Himmel stiegen, und stellte mir vor, wie ich Klinsi den Ball vom Himmel holen und vorlegen würde.
Wir hatten einige von den Raketenbällen, und zwar in unterschiedlichen Zuständen. Jedes Mal, wenn uns der Futtermittellieferant Kälberfutter brachte,

gab es zu den Zentnersäcken entweder Raketenbälle oder Küchenmesser in Gelb. Die Raketenbälle blieben nicht lange prall und mit jedem Schuss in den Himmel trat ich ein wenig Luft heraus. Wiederaufpumpen ging nicht, und je welker sie wurden, desto höher die Wahrscheinlichkeit, dass sie in einer Pfütze dümpelten und in einer Ecke des Hofs vergessen wurden.

Aber ich wollte in ein Team. Auf dem Spielplatz würden mich die Buam nicht mitspielen lassen. Dort hing ich stattdessen mit meiner besten Freundin auf der Schaukel herum, und tat so, als ob beides mich nicht interessierte. Und wenn ich aus dem Augenwinkel das Schienbeintreten, das kurze, harte Fluchen, Auf-den-Ball-Gehen und Hinfallen der ein paar Jahre älteren Jungs beobachtete, fragte ich mich, ob ich das wirklich wollte.

Doch, ich wollte wissen, wie es war, in einem Team zu spielen. Ich würde bei dem Verein im Nachbardorf einfach zum Training der D-Jugend auftauchen. Da wäre ich dann zwar das einzige Mädchen, konnte mir aber trotzdem nicht vorstellen, dass der Trainer mich wegschicken würde. Mein Bruder spielte dort auch, war aber in der E-Jugend. Er brauchte sich also nur ein bisschen fremdzuschämen für mich, die große Schwester.

Es war ein Herbstabend mit Flutlicht, als ich mein Fahrrad das erste Mal in den verbeulten Ständer vor

dem Vereinsheim schob. Der grüne Rasen lag da in gleißendem Licht, die Eckfahnen flatterten im Wind. Ich hatte mir versprochen, heute das erste Mal einen Fußballrasen zu betreten. Egal wie die Antwort des Trainers lauten würde. Wenigstens einmal über die Seitenlinie rein in den Mittelkreis und dann vielleicht Sachen mit dem Ball machen. Spielen.
Als ich mich ihm näherte, überlegte ich, ob er Typ Egon Coordes oder Udo Lattek war. Lattek, der Taktiker, der Zeigefingermann, der Pragmatiker und Fuchs. Oder Egon Coordes, der Umsichtige, der Konstruktive mit dem hanseatischen Zungenschlag. Ich tippte auf Typ Lattek. Ich stelle mich vor ihn und sagte:

„Ich möchte bitte mitspielen."

???

„Spielen. Fußball. Ich."

Alle starrten mich an. Ich war damit beschäftigt, nicht im Boden zu versinken. Nicht, bevor ich das erste Mal einen Fußballrasen betreten hatte. Danach war egal, oder nicht ganz, ich musste es erst Klinsi geschrieben haben. Wie vermutet, war ich das einzige Mädchen. Ich war schon in Jogginghose und Jacke hin geradelt, weil ich auf keinen Fall in die Kabine mit den Jungs wollte. Die eine Person, die anders ist, stört immer. Sie bringt etwas durcheinander,

irgendein Gleichgewicht, das sie nicht kennt. Und selbst wenn sie versucht, das Gleichgewicht nicht zu stören, reicht es schon, dass sie es tun könnte. Vielleicht trug ich daher am liebsten immer den gleichen grünen Pulli und wollte aussehen wie ein Junge. Ich wollte nichts durcheinanderbringen. Ich wollte einfach mitmachen. Fußballspielen. Der Trainer musterte mich.
„Welche Position?“

Shit. Welche Position?

Ich dachte an den Spielplatz und das Getrete. Ich dachte an meine Raketenbälle und wie sehr ich die hohen Schüsse in den Himmel mochte. Aber auch, dass die Raketenbälle aus Plastik waren und nicht aus zu einem richtigen Ball zusammengenähten Ledersechsecken. Ich hatte es noch nicht oft mit einem Lederball zu tun gehabt und wusste um den Wumms, den die Schüsse bekommen konnten. Auch wenn es nur die Jungs aus der D-Jugend waren. Der Trainer wartete auf eine Antwort.

„Tor?“

„Ja. Gut. Tor. Probetraining.“

Ich horchte meiner Antwort nach. Es stimmte schon. Die Abwehr war nichts für mich. Ich hatte

Respekt vor dem Reingehen mit dem Körper, ein Risiko bei jedem Ballkontakt, Abwehr halt. Andersherum hatte ich Angst vor dem Rangenommen werden beim Sturm, D-Jugend hin oder her. Ich fragte mich, wie Klinsi das bloß machte. Mittelfeld kam auch nicht infrage: Mir war noch schwindelig von der schieren Größe, wie sich grade das erste Mal ein Rasen vor mir auftat, bevor ich ihn das erste Mal überhaupt betreten hatte. Ich hatte schlicht keinen Überblick. Ich glaube, ich habe bei der Antwort *Tor!* angenommen, dass die Abwehr der Mannschaft gut aufgestellt war. Und falls es einem meiner Gegenspieler doch gelingen sollte, die Abwehrkette zu durchbrechen und jemand vor mir stand, würde ich einfach meine Große-Schwester-Autorität rausholen.
Vor mir lag der strahlende Flutlichtrasen. Ich dachte an Neil Armstrong, als er am 21. Juli 1969 den ersten Schritt auf den Mond gemacht hatte. Im Radio hatten Robert Röntgen aus Houston und Franz Meindl live berichtet.
Wie bei der Bundesligakonferenz am Samstag.

„Man sieht die Füße von Armstrong die Treppe hinuntersteigen. Und jetzt kommt er in den Bereich, der von der Sonne beschienen ist. Man sieht sein linkes Bein frei im Raum schweben. Es ist offenbar doch sehr schwer, sich da oben zu bewegen. Er tastet mit dem linken Fuß umher …“

„Diese Graufläche müsste die Mondoberfläche sein!"

„Man sieht jetzt den Unterkörper von Armstrong, etwa bis zur Hüfte, man sieht einen Arm, beide Beine. Man sieht seinen Helm, man sieht seinen Rucksack. Man sieht, wie er sich an der Leiter festhält. Und jetzt versucht er, eine Stufe tiefer zu steigen. Er hebt den linken Arm. Er geht mit dem linken Arm nach außen. Und jetzt tritt er auf den Mond."

„Jawoll. Er ist da."

Ich war da. Und wie.

Es knackte in der Leitung. Armstrong funkte zur Erde.

„One small small step for a man ...", sendete Armstrong aus dem All.

„Neunuhrsechsundfünfzig", röhrten Röntgen und Meindl auf der Erde ihren Uhrenvergleich zwischen Armstrongs legendären Satz, der so im deutschen Radio auf ewig unverständlich blieb. Eins war klar: Für eine Moderation der Bundesligakonferenz hätten sie sich damit für immer disqualifiziert.

Jetzt war ich dran und unterdrückte ein Hüpfen, als ich den Schritt über die Seitenauslinie hinein ins Feld wagte. Ein bisschen schwebte ich wie Klinsi und versuchte seinen Armschwung nachzumachen, wie er aus der Kabine ins Stadion einlief. In dem Augenblick war ich ihm viel näher als 210 Kilometer und flüsterte mir den Satz selber ins Ohr, als ich auf den Rasen trat:

“One small step for a man, one giant leap for mankind.”

Mit dem Hochgefühl wegen meiner ersten Rasenberührung räumte der Trainer gleich auf. Er ließ uns Steigerungen laufen. Lostraben, die längste Strecke über den Platz irgendwie mithalten und am Ende das, was von mir übrig war, auch noch dreingeben. Der Rasen unter mir quietschte, meine Schuhe hatten keine Stollen und ich keinen Halt, der Platz nahm kein Ende. Nach der ersten Steigerung wusste ich Bescheid – die waren übel. Nach der letzten sank ich auf den Rasen und sah Sternchen vor den Augen. So über den Platz tanzen, wie Klinsi es tat, das gab es nicht umsonst. Das war der Maschinenraum dahinter. Und ich war froh, dass Klinsi mich nicht so sah.
Ich hätte vom Tor aus gern das Leuchten des Flutlichtrasens in mich aufgenommen, dazu war aber keine Zeit. Der Torwart, dem ich das Training wegnahm, lieh mir seine Handschuhe, während der Trainer den Rest der Mannschaft fürs Feldspiel coachte: „Wenn der Gegner schneller ist, müsst ihr ihn langsamer machen.“ Oder: „Als Manndecker musst du dranbleiben. Und wenn dein Gegenspieler aufs Klo geht, dann gehst du mit.“

Ich fühlte mich weder angesprochen, noch wollte ich das. Ich war intuitiv richtig im Tor gelandet und spürte Glück in mir aufbranden.
Hinter mir hing ein echtes Tornetz, kein Vergleich zu den Holzlatten des Werkstatttors, vor dem ich hin und wieder stand, wenn ich meinen kleinen Bruder überreden konnte, ein paar Raketenbälle auf mich abzufeuern. Ich wollte das Netz nicht anfassen, sonst hätten die anderen gesehen, dass das alles neu war für mich. Niemand sollte merken, wie aufgeregt ich war. Und der andere Torwart, dessen Training jetzt ausfiel, würde sehen, was ich draufhatte – oder auch nicht.
Es war unglaublich, da zu stehen. Und ich bemerkte mit einem Mal, wie frei ich eigentlich war. Ich konnte machen, was ich wollte. Ganz im Gegensatz zu dem Teamkollegen mit Spielervater im Schlepptau. Am Anfang des Trainings rief der Vater ihm noch Dinge zu:

„Nicht mit dem Spiiiitz! Mit dem Spann!"

Der so Angesprochene warf einen starren Blick in Richtung Vater, der mit angeleintem Dackel an der Seitenauslinie stand. Ich merkte, dass er das nicht zum ersten Mal hörte. Und ja, der Vater wiederholte für den Sohn immer wieder die gleichen Worte. Und mit jeder Wiederholung bekamen die Worte mehr Wumms. Irgendwann schrie er:

„Mit dem Spahhhaannnn! Nicht mit dem Spiiiitz! Du Depp!“

Der Dackel des Spielervaters ertrug wie der Sohn und die anderen auf dem Platz die Wutausbrüche. Niemand reagierte. Das fand ich beachtlich. Einer der beiden musste aufhören, so viel war klar.
Dann ging es schnell. Die Abwehr wurde durchbrochen. Ein guter Schuss mit dem Spann kam auf mich zu. Das erste Mal wackelte das Tornetz hinter mir. Mein folgender Abschuss mit dem echten Lederball schaffte es nicht in die gegnerische Hälfte. Auch der nächste nicht.

Lieber Jürgen,

gestern war ich zum ersten Mal beim Fußballtraining. Ich habe gelesen, daß Du beim T. B. Gingen in der F-Jugend angefangen hast. Für mich ist es wahrscheinlich zu spät, richtig anzufangen mit dem Fußball. Ich war beim SV Günding in der D-Jugend für ein Probetraining im Tor und habe vier Treffer kassiert. Ein Mitspieler hat mir seine Handschuhe geliehen. Nach dem Training bin ich gleich nach Hause gefahren. Ich mag mich nicht in der Kabine mit den Jungen umziehen.
Ich will trotzdem weitermachen.
Alles Gute für das Spiel gegen Waldhof Mannheim.

Deine Michaela

Die dritte Auswärtsfahrt: Wirsberg

In der sechsten Klasse kam ich das erste Mal weiter als Nürnberg und Stuttgart, an den nördlichsten Punkt, den das Bundesland Bayern zu bieten hatte. Wir fuhren auf Klassenfahrt nach Franken, an der Grenze zum Vogtland. Mein erstes und einziges Mal an der Grenze und nah an Klinsis Vergangenheit, ohne es zu wissen.

Einstecken auf der Reise hatte ich Klinsis Panini-Bild, das Meisterschafts-Mannschaftsfoto des FC Bayern, aufgenommen im Olympiastadion, und meine Mitschriften zur Saison. Ein Trost, ein Lichtblick, denn ich war noch nie so lang von zu Hause weggewesen. Aber als Extremschüchterne in der Parallelklasse Schule abzusitzen, wäre die Alternative gewesen. Das kam noch viel weniger infrage.

Ich packte also Koffer und Klinsi. Er durfte als Lesezeichen in meinem Lieblingsbuch mitreisen: *Meister des Grauens.* Mit einer Geschichte daraus hatte ich beim Vorlesewettbewerb den ersten Platz gemacht. Sie erzählte davon, wie ein Mann in einer Gefängniszelle den Verdacht schöpfte, in keiner Haft-, sondern in einer Hinrichtungszelle zu sitzen. Eines Morgens, als er aufwachte, bemerkte er, dass sie über Nacht

geschrumpft war. Am Ende wurde er von den näher rückenden Wänden zerquetscht. Als ich die Geschichte im Kreis der Jury vorgetragen hatte, merkte ich an den Reaktionen im Raum, dass nicht jede Lehrkraft für meinen Text gemacht war. Aber so viel anders als *Hänsel und Gretel*, *Rotkäppchen*, *Ali Baba und die 40 Räuber* oder die Geschichten aus dem Alten Testament, die wir im Religionsunterricht durchnahmen, waren sie doch auch nicht: Jona, der von einem Wal verschlungen wurde und drei Tage in seinem Bauch lebte. Und Abraham, der seinen Sohn Isaak töten sollte, was für Isaak erst in letzter Minute gut ausging.
Doch eigentlich wartete ich schon sehnsüchtig auf ein anderes Buch, das jede Menge Zündstoff versprach. Die erste Fußballerbiografie der Bundesligageschichte: Toni Schumachers Skandalbuch *Anpfiff*, das bald erscheinen würde. Toni stieg ein mit einer Schilderung der 2:3-Niederlage im WM-Finale 1986 gegen Argentinien. Gleich auf den ersten Seiten führt er uns rein ins Spiel und mitten rein in sein Herz.

„Schreiben ist wie Beichten, wie Selbsterforschung, sagt man. Für mich ist es die Möglichkeit, meiner Isolation zu entkommen. Ich möchte wie ein Prisma sein, durch das Licht auf mein Universum fällt. Fußball, in Deutschland und in der Welt."

Nicht schlecht vorgelegt. Toni Schumacher als das Prisma des Fußballuniversums, beim 1. FC Köln und

in der Nationalelf. Vielleicht waren meine Briefe an Klinsi ja auch Selbsterforschung, wie Toni Schumacher sie betrieb. Und sie würden mich eines Tages aus meiner Isolation holen. Schreiben als Freiheit und Befreiung. Da wo Toni war, wollte ich hin.
Ob Klinsi beim WM-Finale 1986 schon gehofft hatte, dass er bald selber in den Kader der Nationalelf berufen werden würde? Die Frage hob ich mir auf. Wenn er eines Tages am Spielertelefon des FC Bayern saß, würde ich ihn das fragen. Klinsis erstes Länderspiel mit der Nationalelf war in Wirsberg. Am 12. Dezember 1987 würde er sein Debüt gegen Brasilien spielen, in der Doppelspitze mit Olaf Thon. Sie blieb jedoch torlos. Stefan Reuter gelang in der 90. Minute noch der Ausgleich zum 1:1.

Aber ich saß erstmal mit Klinsis Panini-Bild in Franken fest. Wir besuchten das Festspielhaus in Bayreuth. Unser Klassenlehrer, der uns jeden Dienstagnachmittag Blockflöte beibrachte, war Wagnerfan. Ich wusste nicht, ob er sich selbst *Fan* nennen würde. Ich nannte ihn so. Opernliebhaber ging nicht tief genug, denn Liebhaber, so wie ich das bisher verstanden hatte, kamen und gingen. Und wenn er uns von Wagner erzählte, da spürte ich, dass wir es beide ernst meinten, auch wenn ich seine Leidenschaft nicht teilte.
Am nächsten Tag fuhren wir nach Mödlareuth, das durch eine Mauer geteilte Dorf. Ein grauer Schlauch

zog sich durch die grüne Landschaft und das Dorf. Es gab zwei Deutschlands, sagte man uns. Nach dem Krieg, den Deutschland begonnen hatte, wurden wir im August 1961 geteilt. Und weil Deutschland geteilt worden war, machte das auch nicht vor einem Dorf halt. So wie hier. Deshalb waren wir da, damit wir das sahen.

An der Mauer gab es einen Schießbefehl. Die Menschen aus dem anderen Deutschland konnten nicht raus. Nur Rentner oder Rentnerinnen. Und wir durften auch nicht rüber, jedenfalls nicht einfach so. Norbert Nachtweih, so viel wusste ich, hatte auf der anderen Seite nicht bleiben wollen. Er war 1976 nach einem Spiel mit dem U21-Teamkollegen Jürgen Pahl in Istanbul geblieben und in die Bundesrepublik ausgereist. Nachtweih stammte außerdem aus Sangerhausen. Das war zwar nicht mehr im angrenzenden Vogtland, aber so weit eigentlich nicht.
Im Diercke-Weltatlas stellte sich die deutsch-deutsche Teilung anders dar als der graue Mauerschlauch in Mödlareuth. Die Grenze zu Österreich, der Tschechoslowakei oder der Schweiz war mit einem durchgehenden, dicken Strich markiert. Die zwischen Franken und dem Vogtland hingegen war bloß eine locker gestrichelte Linie in Rosa, jeder Jägerzaun wäre schwerer zu überwinden als diese Strichelei, dachte ich. Was bedeutete das?
Die Briefe an Klinsi mussten im Schullandheim pausieren. Ich überlegte, ihm eine Postkarte zu schreiben,

ließ es aber bleiben. Meine Mitschülerinnen zogen mich inzwischen damit auf, dass ich schrieb und schrieb und noch nie eine Antwort von ihm bekommen hatte. Und ich musste zugeben, es stimmte. Ich wartete wirklich auf eine. Warum schrieb er nicht wenigstens einmal?

Ich war am Ende jedes Tages im Schullandheim froh, *Meister des Grauens* aufschlagen zu können. Zwischen den Seiten konnte ich heimlich das Foto von Klinsi anschmachten. Die Mädchen tauschten sich derweil über Haarfrisuren, Kajal, Lidschattenfarben und Klamotten aus. Davon wollte ich nichts wissen. Wirklich nicht. Ich wollte zwar kein Junge sein, aber so behandelt werden wie einer. Sie durften mehr, wenn ich das alles zusammenrechnete.
Ich behielt trotzdem im Blick: Mit 18 mit dem Boxen anzufangen, was ich jetzt nicht durfte. Dazu hatte ich dann Zeit, denn sonntags in die Kirche gehen, würde ich sein lassen. Ein Fahrrad mit Herrenrahmen fahren. Und irgendwann in echt mit Klinsi über Fußball fachsimplen.
Mein ganzer Körper begann sich zu verändern. Den anderen Mädchen schien das, im Gegensatz zu mir, nichts anzuhaben. Ich war traurig bis verzweifelt. Torwartin sein konnte ich am Ende dieser ganzen Veränderungen wahrscheinlich ein für alle Mal knicken. Ein paar Klassenkameradinnen hatten

schon ihre Tage, erfuhr ich im Mädchenschlafsaal. Ich noch nicht. Und wenn ich nur daran dachte, hätte ich am liebsten geheult. Was dann? Das wäre nicht so schlimm, versicherte mir eine Mitschülerin, die eine große Schwester hatte. Nie wünschte ich mir mehr eine große Schwester. Aber auch wenn alles sich an mir änderte, ich würde Klinsi und dem Fußball treu bleiben. Wenigstens das war sicher.

Ich hatte viel Zeit im Mädchenschlafsaal, um über die Saison nachzudenken. Der FC Bayern hatte den Meistertitel geholt, der HSV den Pokal. Der VfB Stuttgart war bereits im ersten Vorrundenspiel gegen Bayer 05 Uerdingen überraschend ausgeschieden. Klinsi hatte das 0:1 und das 0:3 geschossen, und zwar in der ersten Halbzeit. Komfortabler konnte man kaum in die Kabine gehen. In der zweiten Hälfte kassierte Eike Immel drei Tore. Im Elfmeterschießen verlor der VfB das Spiel.
Aber die Stuttgarter Kickers, der erste Verein, bei dem Klinsi einen Profivertrag unterschrieben hatte, hatte es ins Finale des DFB-Pokals geschafft. Um mich an den Abenden abzulenken, lernte ich den Weg dorthin auswendig.

1. Hauptrunde: TeBe Berlin vs. Kickers: 0:5 am 29.8.1986
2. Hauptrunde: Borussia Neunkirchen vs. Kickers: 2:3 am 26.10.1986

3. Achtelfinale: Kickers gegen Hannover 96: 2:0 am 19.11.1986
4. Viertelfinale: Kickers gegen Eintracht: 3:1 am 7.3.1987
5. Halbfinale: Kickers gegen Fortuna Düsseldorf: 3:0 am 1.4.1987

Die Kickers schossen im Finale das erste Tor, verloren aber am Ende mit 1:3. Tragischerweise entschieden sie es durch ein Eigentor von Niels Schlotterbeck in der 90. Minute selbst, ein trauriges Tor, so schön es auch anzusehen war.

Auf dem Meister-Mannschaftsfoto des FC Bayern fiel mir plötzlich jemand auf, der, wie ich, nicht dazuzugehören schien: Raimond Aumann. Und es stimmte, er hatte verletzungsbedingt in der ganzen Saison kein einziges Mal im Tor gestanden, Jean-Marie Pfaff hatte alle 34 Spiele gemacht. Wie er so dastand, auf dem Rasen des Olympiastadions, rechts außen neben Udo Lattek, etwas abseits der Mannschaft, gelbes Commodore-Trikot. Seine Hände hingen schlaff nach unten, steckten aber in den Torwarthandschuhen, als wäre er bereit für die nächste Ecke, den nächsten Freistoß, den nächsten Elfmeter. Ich betrachtete ihn, wie er die Augen gegen das Licht zusammenkniff und der dicke Schnauzer einen nicht unbeträchtlichen Teil seines Gesichts bedeckte. Es war seine

Haltung, die alles sagte.

Den anderen Spielern zu Füßen lag ein Blumenmeer: zwölf Sträuße gelbe Chrysanthemen, einer mit roten Gerbera, eingewickelt in Knisterfolie, die Meisterschale zwischen Lothar Matthäus und Michael Rummenigge. Wer kein gelöstes Lachen hat wie Rummenigge oder Dieter Hoeneß, blickte cool in die Kamera. Warum fand ich Jean-Marie Pfaff gut und nicht Raimond Aumann? Er war bereit. Und ich konnte ein Lied davon singen, wie es war, bereit zu sein. Raimond Aumann, die Nummer zwei hatte einen Anteil an dieser Meisterschaft und an all den Titeln, aber wie, um Himmels willen, wie sollte man ihn bemessen? Und vor allem: Wie löste man so einen Konflikt mit sich: bereit zu sein und nicht gebraucht zu werden?

Endlich kam der letzte Abend in Wirsberg, mit einer Abschiedsdisko im Aufenthaltsraum, das machte man so auf Klassenfahrt. Vielleicht kam der Vorschlag dazu von unserer Englischlehrerin Miss Merkel, die als Begleitperson für die Mädchen mitgekommen war. Disko war ein englisches Wort, ein englischer Brauch, und für Musik schien sie auch etwas übrig zu haben. Sie ließ uns vor Unterrichtsbeginn in der ersten Stunde immer ein Lied singen. Aufstöhnen davor, kollektives Klassenaugenrollen danach inklusive, was sie geflissentlich ignorierte:

“Good morning, good morning, good morning to youuu,

good morning Miss Merkel and hauu are yoouuu?"
Vor dem Diskoabend fragten mich die anderen im Schlafsaal , warum ich eigentlich nicht *gut aussehen* wolle: Die Haare frisiert und toupiert, geschminkt, Jeansoutfit, so was. Ich machte es kurz, sagte: Will ich nicht. Sie ließen nicht locker, sagten, dass sie mich *eigentlich hübsch* fanden. Ich zuckte mit den Schultern. Sie fassten es als Aufforderung auf und setzten mich auf einen Stuhl. Aus ihren Koffern zauberten sie Dinge: Fön, Haarspray, Gel, Bürsten, Lidschatten, Lippenstift, Mascara, Puder. Sie berieten, frisierten, zogen nach und pinselten. Als sie fertig waren, wollte ich nicht sehen, wie ich aussah. Sie waren ein wenig enttäuscht, aber ich konnte nicht. Ich wollte nicht im Boden versinken, bevor ich Klinsi getroffen hatte. Sie schoben mich trotzdem wie eine Trophäe in den Aufenthaltsraum, der als Disko umfunktioniert worden war, vielleicht trugen sie mich auch auf dem Stuhl hinein, weil ich mich wehrte.
Als Staunen und Belustigung über meinen Auftritt nachgelassen hatten, verschwand ich im Bad und betrachtete mich. Nichts war besser mit frisierten Haaren und Schminke, fand ich. Aber ich hielt durch. Den Rest des Abends saß ich in einer Ecke, in die das blitzende Diskolicht nicht hinreichte und knabberte Erdnüsse.

Lieber Jürgen,

wir waren letzte Woche im Schullandheim in Wirsberg. Am letzten Abend gab es eine Disko. Meine Eltern mögen Volksmusik, Diskos nicht. Ich mochte das auch nicht.
Im Pokal hast Du diese Saison echt abgeliefert, auch wenn Ihr schon in der Vorrunde ausgeschieden seid. Zwei Tore von Dir, und dann mit einen 3:0 Vorsprung in der Tasche gegen Uerdingen doch noch verloren! Uerdingen ist ein Pokalschreck. Der FC Bayern hat im letzten Finale gegen sie auch verloren. Aber dafür sind die Kickers diesmal ins Finale gekommen. Für solche Überraschungen mag ich den Pokal! Dafür ist er da!
Und dann der VfB gegen den FC Bayern. Für mich war es das perfekte Spiel. Auch wenn ihr 1:3 verloren habt. (Hoffentlich ist es okay, das zu sagen.) Zwei Treffer von Lothar Matthäus, einer von Wiggerl Kögl. Und dann Du, in der 59. Minute! Das letzte Mal, dass Jean-Marie Pfaff hinter sich greifen musste. Das letzte Gegentor des FC Bayern in der Saison ist von Dir!
Ich bin gespannt, was die nächste Saison bringt, für den FC Bayern und für Dich.

Ich lege Dir einen frankieren Rückumschlag bei. Ich würde mich sehr über eine Autogrammkarte von Dir freuen.

Herzliche Grüße
Deine Michaela

Milkaschokolade

Nach dem Spiel gegen den SV Werder Bremen im Olympiastadion und dem Rückstand, den sie dem FC Bayern in meiner ersten Stadionhalbzeit zugefügt hatten, war mein Verhältnis zum SV Werder Bremen zerrüttet.
Ich nannte Otto Rehhagel, den ich eigentlich für einen aufrechten Typ hielt, nur leider beim völlig falschen Verein, ab sofort *Rebhagel*. Eine nicht besonders originelle Wortmélange aus *Rebhuhn* und *Hagel*. Das fand ich fies, teenagerfies.
Überhaupt konnte alles, was oberhalb meines Weißwurstäquators nördlich der Donau lag, sprachlich verkackeiert werden. Der Ort Itzehoe zum Beispiel, den ich im Diercke-Weltatlas ziemlich weit oben in Schleswig-Holstein auf der Karte *Bundesrepublik Deutschland/DDR – Nördlicher Teil* gefunden hatte. Für mich war ausgemacht, dass da alle Werder- oder HSV-Fans waren. Itzehoe zu *Itzehö* abzuändern, war folgerichtig. Das klang wie Diarrhö.
Eine Fankutte hatte ich nicht. Ich war mir auch nicht sicher, ob ich eine wollte, denn dann hätte ich mich entscheiden müssen: eine Klinsi-Kutte oder eine vom FC Bayern? Aber ich besaß einen Anti-Werder-Aufnäher, auf dem stand: „Was ist grün und stinkt nach Fisch? Werder Bremen!" Der

Spruch stand über einer schwarzen Gewerbemülltonne, aus der dunkle Gestankschwaden wehten. Ich war überzeugt davon, dass Fußballfeindschaften gelebt werden mussten.
Oder anders gesagt, ich hatte mir einen Ruf als *fanatischer Fußballfan* erarbeitet. Das Substantiv *Fan* steckte in dem Adjektiv *fanatisch*. Fän-atisch sozusagen. Das gefiel mir auch.
Langsam wurde es meinem Umfeld zu viel.

„Geh weida, warum bistn so fanatisch?"

Dabei ich fing grade erst an.
Ich hatte in Erdkunde gelernt, dass im Mittelalter die Hanse gegründet worden war, ein Handelsnetz norddeutscher Kaufleute in und um die Nord- und Ostsee. Ein ehemals mächtiges, thalassisch-potamisches Handelsimperium, das noch 1987 in den Autokennzeichen aufging, die ich auf den letzten Seiten des Shell-Atlas fand. Hansestadt Hamburg, Hansestadt Lübeck und Hansestadt Bremen: HH, HL und HB.
Ich zündete die nächste Stufe: ein Essensembargo. Städte mit einer Schnittmenge aus Bundesligaverein und lebensmittelverarbeitender Industrie standen ab sofort in meinem Fokus. Ich hatte die Entscheidung getroffen, nichts mehr zu essen, das in Bremen produziert wurde, checkte jedes Lebensmittel, wo es abgepackt oder produziert worden war.

In Bremen hergestellt wurde eine Gemüsebrühe, die wir zu Hause im Schrank hatten. Okay, ohne die konnte ich leben. Es traf mich aber auch bei meiner Lieblingsschokolade: Milka. Auch wenn es sie selten gab, das tat weh. Doch ich blieb kategorisch, konsequent und entlarvte ein falsches Produktversprechen, als ich eine Packung anschmachtete. Darauf war nämlich eine lila Kuh abgebildet, die die Milch geliefert haben sollte. Alpenmilch aus Bremen? Ha. Butterkekse von Bahlsen aß ich weiterhin. Hannover und Butterkekse waren harmlos. Noch. Vielleicht hätte ich beizeiten einfach ein zweites Mal nach Stuttgart-Botnang fahren sollen, um eine handgerollte Breze von Siegried Klinsmann zu kosten. Aber vermutlich hätte es nichts geändert. Es war plötzlich grundlegender.

Lieber Jürgen,

magst Du Süßigkeiten? Kannst Du als Profi essen, worauf Du Lust hast? Ich mag Süßigkeiten, aber ich esse jetzt weniger. Ich denke oft an mein erstes Spiel im Stadion gegen den SV Werder Bremen im April, bei dem Rudi Völler und Thomas Wolter Bremen zweimal in Führung brachten. Ich esse jetzt keine Milka-Schokolade mehr, weil die in Bremen abgepackt wird. Ist das komisch?
Wenn ich mir Süßigkeiten kaufe, dann bei uns in der Bäckerei. Die Billigsten sind die kurzen Brausestangen,

die kosten zwei Pfennig pro Stück. Die Schnüre fünf und die Brauseufos auch. Wenn ich der Bäckerin einen Strauß Blumen pflücke, schenkt sie mir manchmal auch welche dazu.

Herzliche Grüße
Michaela

Mein Essensembargo geriet außer Kontrolle. Fußball half nicht mehr. Fansein auch nicht. Ich begann, Kalorien zu zählen. Jede Kalorie. Ich zog mich zurück. Hörte auf zu essen. Aß dann zu viel, weil alles zu viel war. Und dann wieder zu wenig, so wenig wie möglich. Ich zog mich zurück. War allein mit meinem Tagebuch. Mied Menschen, die Erklärungen forderten. Denn ich hatte selbst keine. Sie wollten etwas von mir, das ich nicht konnte. Oder wollte? Ihre Sorgen prallten an mir ab wie die Schüsse, die mich als Torwartin direkt getroffen hatten.

Wer war ich? Wo gehörte ich hin? Wo war der Platz, auf dem ich sein konnte, wer ich war, wenn es nicht der Fußballplatz war? Je stiller ich wurde, umso größer wurde der Raum in mir. Aber auch der Abgrund. Manchmal sah ich das. Wenn es leise war. Oder es mir richtig schlecht ging.

Klinsi hingegen startete richtig durch. Ausgerechnet bei einem Spiel gegen den FC Bayern. Am 14. November 1987, zwei Tage nach meinem 13. Geburtstag, Südmilch gegen Commodore, ein Heimspiel des VfB im Neckarstadion. In der 18. Minute erreichte Klinsi eine Flanke von Günther Schäfer, aber er stand mit dem Rücken zum Tor. Hansi Pflügler und Norbert Nachtweih würden ihm keinen Raum lassen, wenn er den Ball auf den Rasen gepflückt hätte. Da begann Klinsi zu fliegen. Es war ein Augenblick, in dem er das entschied. Die Gegenwärtigkeit in der Gegenwart, Jürgen Klinsmann hatte sie in diesem Moment. Sein Blick fixierte den Ball. Sein rechtes Bein stieg nach oben, seine Arme waren weit ausgebreitet, sein Oberkörper einen Moment parallel zum Rasen. Er traf den Ball perfekt und der flog über ihn hinweg, aus seinem Blickfeld und landete im Tor, Klinsi auf dem Hintern. Der perfekte Fallrückzieher. Lothar Matthäus schaute zu, Nobert Nachtweih ihm nach. Jean-Marie Pfaff hatte keine Chance. Das Stadion jubelte ein Hundertstel früher als Klinsi, der sich aufrappelte, den Flugweg des Balls überprüfte und ob er tatsächlich im Netz zappelte. Ja. Seine Überraschung ging über in einen Freudentaumel. Er holte aus zu einem Jubel, seine Arme stiegen in die Höhe, als ob er die ganze Welt umarmen wollte. Er lief zur Tartanbahn, zur Kurve, sank auf die Knie, schlug seine Hände über dem Kopf zusammen. Das Tor des Jahres. Das Tor des Jahrzehnts. Sein Tor des Lebens. Geglückte Gegenwärtigkeit, *One moment in time*, wie Whitney Houston bald singen würde.

Mit 19 Treffern wurde Klinsi Torschützenkönig. 1989 spielte er mit dem VfB im UEFA-Cup-Halbfinale gegen Dynamo Dresden, damals war es noch unvorstellbar, dass sein Gegenspieler Matthias Sammer bald

Teamkollege in einer wiedervereinigten Nationalmannschaft sein würde. Klinsis Wechsel zu Inter Mailand. Und dann der Gewinn der Weltmeisterschaft 1990, die Krone der Karriere als Fußballprofi. Ich sah es aus der Ferne, tastete mich ohne ihn voran. Auch als Klinsi wirklich 1995 zum FC Bayern kam, ausgerechnet mit Lothar Matthäus einmal um die Welt – von der Säbener Straße bis nach Südafrika und zurück – Zwist pflegte, 1996 in Wembley Europameister wurde und 1997 gegen den SC Freiburg eine Tonne eintrat, war ich mit anderen Dingen beschäftigt.

Schlenzer: Fansein in the Future

Liebe Michaela,
ich habe deine Briefe gelesen. Toll, dass Du Fußball spielst und auch Fan von Bayern München bist – und sogar von mir. Das bedeutet mir echt viel, Danke! Es ist ein unglaubliches Gefühl zu wissen, dass da draußen jemand ist, der mitfiebert und mitträumt.
Ich bin gerade selbst erst am Anfang meiner Karriere, und glaub mir, ich weiß, wie aufregend, aber auch manchmal herausfordernd das sein kann. Aber eines habe ich schon gelernt: Wenn Du mit dem Herzen dabei bist und hart arbeitest, dann kannst Du alles schaffen, was Du Dir vornimmst. Es wird immer Tage geben, an denen Du das Gefühl hast, dass nichts klappt – genau an diesen Tagen musst Du dranbleiben. Glaub an Dich und Deinen Weg.
Fußball ist ein wunderschöner Sport, der uns so viel gibt – Freunde, große Momente, und manchmal auch ein bisschen Schmerz, aber das gehört dazu. Spiel weiter mit Leidenschaft, hör nie auf zu träumen, und hab immer Spaß am Ball. Wer weiß? Vielleicht sehe ich Dich eines Tages auf dem Platz, wie Du ein wichtiges Tor für Bayern München schießt. Das würde mich stolz machen!
Dein Jürgen

So eine Antwort von Klinsi hätte mich als Zwölfjährige vermutlich glücklich gemacht: „Jemand fiebert und träumt mit." – Ja, ich! „Dranbleiben, wenn nichts klappt." – Ja, genau!
Hätte mir die Antwort einer Klinsi-Kopie, eines Avatars, an dem eine Künstliche Intelligenz hängt, die auch diesen Brief erstellt hat, gereicht? Ich glaube nicht. Spätestens bei „Das würde mich stolz machen!" wäre es wahrscheinlich mit meiner Begeisterung vorbei gewesen. Das war over the top. Meine Eltern und meine beste Freundin konnten auf mich stolz sein. Er kannte mich doch nicht.

Wie wird es aussehen, sich anfühlen, wenn die Künstliche Intelligenz Teil des Fandaseins wird? Werden sich Profis einen digitalen Zwilling leisten, der sich um die Fragen der Fans kümmert? Ein Austausch mit einem Avatar made in China oder Silicon Valley statt Autogrammkarte, Spielertelefon oder Insta-Live, das wäre schon jetzt möglich.
Fansein in the Future, mal sehen, wie das gehen wird.

Die erste Lunge voll Hanseatenluft

Der Fußball verschwand nicht ganz. Ich fand mit sechzehn meinen ersten Job, bei dem ich samstags Brot, Brezen und Semmeln im Backshop eines Edeka-Marktes verkaufte, der von einem schwäbischen Ehepaar geführt wurde. Nach Feierabend hörte ich noch manchmal mit halbem Ohr die Bundesligakonferenz im Radio. Klinsi war ja weg.
Mit siebzehn durften meine Freundin und ich nach Hamburg fahren. Wir hatten eine Einladung, bei ihrer Brieffreundin zu wohnen, die sie vor ein paar Jahren auf einem Campingplatz im Sommerurlaub kennengelernt hatte. Es gab in mir immer noch eine Restskepsis, über den Weißwurstäquator hinauszugehen, einen Campingplatz stellte ich mir aber als neutrales Terrain vor. Wenn die beiden sich dort verstanden hatten, würde es schon gut gehen, beschloss ich.
In Hamburg: Die erste Sonnenbrille, McDonalds, Milchshake, Gekicher und Jeansshopping. Alles war leicht und der Hamburger Himmel hoch. Mein Highlight wurde der Besuch am Millerntor. Dieser erhabene Moment, den ich das erste Mal im Olympiastadion erlebt hatte, wiederholte sich zu meinem Erstaunen. Obwohl es das Stadion des FC Sankt Pauli, und die Ränge an dem Nachmittag leer waren. Wie es sich

vor mir aufgetan hat: der Blick auf den Rasen, die Ränge. Vielleicht, dachte ich, blieb von jedem Spiel etwas in einem Stadion zurück. Ein Seufzer, ein Fluch, ein Jubel. Es war nicht mein Stadion, aber ich spürte es auch hier.

Am Millerntor hatte ich auf einmal Lust einen Brief zu schreiben. Ein Sankt-Pauli-Fan würde ihn beim nächsten Spiel finden. Ich wollte einfach ein paar versöhnliche Gedanken oberhalb des Weißwurstäquators dalassen, ohne zu wissen, ob oder wer diesen Brief, den ich da zurückließ, lesen würde. Wie eine Flaschenpost, die stromabwärts von der Elbe in die Ostsee, in den Atlantik, vielleicht sogar bis Amerika ihren Weg fand und, wer weiß, Klinsis paddelnden Beifahrer Snoopy auf dem SUP begegnete, der noch immer den Weg dorthin suchte.

Auswärtsfahrten und Sommermärchen mit Happy End

Mit Ende zwanzig kehrte meine Vereinsfußballliebe zurück. Und mir ihr die Gelegenheit, Klinsi zu treffen. Aber es bedurfte ein paar Pirouetten.
Mit dem Fanbus des 1. FC Union Berlin fuhr ich an einem nasskalten Winterabend nach Wolfsburg zu einem Spiel der zweiten Mannschaft des VfL. Als Erinnerung an die Fahrt bleiben das Frieren im niedersächsischen Nebel vor einem Absperrgitter, Gemotze über schlechtes Bier im Bus, das auf der Rückfahrt trotzdem getrunken wurde und für dicken Dunst sorgte.
Vom Besuch bei Jahn Regensburg, wo mich das Schöne-Wochenend-Ticket hingebracht hatte, bleibt ein Staunen über das Hochhaus, das sich neben dem Stadion erhebt und von dessen Balkonen zur Stadionseite Zuschauende bestimmt die besten Plätze haben – alle zwei Wochen und umsonst.
Ich weiß nicht mehr, wie ich im englischen Chester gelandet war, obwohl der Weg dorthin am weitesten gewesen ist. Während des Spielbetriebs des FC war jedenfalls nicht viel los. Aber ich hielt durch und mochte am Ende den Chester-Käse lieber als das dargebotene Ballspiel.

Und dann kam das Championsleague-Viertelfinal-Rückspiel FC Arsenal gegen den FC Bayern München im März 2005 auf Highbury. Highbury! Seit Nick Hornbys *Feverpitch* war ein Besuch dort auf meiner Bucketlist. Doch auf nur 1.000 Karten kamen 15.000 Kartenanfragen, schrieb mir Sascha, den ich in einem Bayern-Fanforum kennengelernt hatte und der sich am Tag der Auslosung extra Urlaub nahm, um sich erfolglos um eine Karte zu bemühen. Nach einem Beschwerdebrief an die Kartenlogistik des FC Bayern bekam er, wie er mir schilderte, dann doch noch ein Ticket.
Ich hatte nicht so viel Glück.
Olivier, der unter football4you@hotmail.com Tickets an Fans brachte, bot in einem Forum eins für das Spiel feil. Ich wandte mich an ihn, nachdem ich aus einem englischen Fanforum bei meinem Kartengesuch mit „Piss off, you German scum" verabschiedet worden war. Per Mail schickte Olivier kurz und knapp das Angebot zu Platzkategorie und Preis: North Bank = 160 £.
Das konnte ich mir nicht leisten. Abgesehen davon, dass mir nicht ganz klar war, wie ich überhaupt zu dem begehrten Ticket gekommen wäre und wo und wer Olivier überhaupt war.

Ich entschied, trotzdem nach London zu fahren. Die Aussicht auf Highbury, Nick Hornby im Hinterkopf und ein Spiel des FC Bayern gaben den Ausschlag.

Jetzt oder nie. Ich war nicht allein. In einem proppenvollen Pub sammelten sich am Spielabend kartenlose Bayernfans. Das Hinspiel hatte der FC Bayern 3:1 gewonnen, eigentlich eine gute Ausgangslage. Wir fieberten mit, eng an eng wie die Ölsardinen – und konnten nach Abpfiff feiern: Der 1:0-Heimsieg der Gunners reichte nicht fürs Weiterkommen.
Und dann stand plötzlich Karl-Heinz Rummenigge im Pub. Mitten im Pub unter einem der Fernseher. Er lobte uns, dass wir kartenlos trotzdem gekommen waren. Sein Lob nahmen wir gern zur Euphorie mit dazu – und es wurde noch unglaublicher: Rummenigge versprach uns Tickets für das Viertelfinale gegen den FC Chelsea. Uns allen, die wir hier im Pub Schulter an Schulter standen. Wir würden uns wiedersehen, feiern und weiterfeiern. Wir konnten unser Glück nicht fassen. Tauschten E-Mails und Telefonnummern. Die Welt drehte sich um uns wie ein Fußball: Highbury und ein Wiedersehens-Viertelfinale in München!

Während die Stimmung im Pub prächtig war und der Peak noch längst nicht erreicht, wurde die Stimmung draußen in Holloway, Islington nach dem Ausscheiden von Arsenal gereizter. Wir merkten nichts davon. Kurz nach Rummenigges Auftritt schwappte dann das erste Mal eine Art La-Ola-Bewegung zu uns ins Pub. Aufgebrachte Arsenal-Fans versuchten, den Laden zu stürmen. Und wir Bayern-Fans saßen wie

die Häschen in der Grube. Jemand nahm mich an der Hand und zeigte mir einen Hinterausgang. Ich benutzte ihn bald danach, vielleicht bin ich auch durch das Toilettenfenster ausgebüchst. Ich kann mich nicht mehr erinnern.
Als ich das Weite vor den Arsenalfans suchte und anschließend noch volle zwei Wochen den Versprechungen Karl-Heinz Rummenigges Glauben schenkte, Tickets für das Viertelfinalspiel gegen den FC Chelsea zu bekommen, war Jürgen Klinsmann Trainer der deutschen Nationalmannschaft geworden.

Es tat sich vor mir die reelle Chance auf, Klinsi endlich einmal im Stadion zu sehen. Damit nicht genug: Franz Beckenbauer, der DFB, Martin Sonneborn und das Team der Titanic hatten die Weltmeisterschaft 2006 nach Deutschland geholt.
Ich wollte dabei sein. Es war nicht mehr so drängend wie damals als Teenager. Es sollte sich bei der WM 2006 einfach ein Kreis schließen, für mich. Ich wollte Klinsi sehen und die Nationalmannschaft unter seiner Ägide – bei einer Weltmeisterschaft. Sehen, wie Klinsi, der Weltmeister von 1990, die vielleicht zukünftigen Weltmeister trainiert hatte. Doch es stellte sich abermals die Frage: Wie sollte ich an Karten kommen? Ich versuchte es erst gar nicht über das Internet.
Ich hatte einen Plan parat, mit dem ich überzeugt war, das Problem umschiffen zu können. Ich meldete

mich bei B.E.S.T., dem Veranstaltungsdienstleister des Berliner Olympiastadions zu einer Security-Schulung an. Lernte, wie Handtaschen beim Einlass durchsucht werden, wie alkoholisierte Fans am Einlass abgewiesen werden, und dass in einer leeren Pringles-Dose ein Molotow-Cocktail Platz finden konnte. Das alles und noch viel mehr. Zwei oder drei Wochenenden lang wurden wir eingewiesen und erhielten am Ende ein Zertifikat der FIFA.

Um meine neuen Kenntnisse schon vor der WM anzuwenden, Geld zu verdienen und Erfahrungen für die WM zu sammeln, arbeitete ich fortan bei Bundesligaspielen der Hertha am Einlass. Die letzte halbe Stunde vor Spielbeginn war am stressigsten, viele kamen auf den letzten Drücker und drängten ins Stadion. Ausgerechnet weibliche Auswärtsfans vom VfB Stuttgart brauchten einmal besonders viel Zuwendung, weil sie nach dem Vor-Match-Shopping den halben Ku'damm mit ins Stadion nehmen wollten.

Aber mein weichster und härtester Moment zugleich wird die Begegnung mit einem Union-Fan bleiben, der sich offenbar aus der Alten Försterei, damals Oberliga-Nord-Spielstätte, nach Charlottenburg verirrt hatte. Er konnte, angekommen am Eingang, kaum noch stehen. Als ich ihm sagte, dass er heute leider keinen Einlass mehr bekommen würde, lallte er leise: „Bei Union hätten se mich rinnjelassen.“ Ich frage mich heute noch, wo er den Nachmittag verbracht hat.

So verging die Saison und mit jedem Hertha-Heimspiel kam die Weltmeisterschaft näher.
Einen Arbeitsplatz hatte ich im Stadion ausgemacht, wo ich auf keinen Fall landen wollte: auf der Tartanbahn mit dem Rücken zum Spielfeld. Die, wie ich annahm, aufreibendste Security-Position. Eine quälendere Mittelbarkeit für Mindestlohn konnte ich mir nicht vorstellen. 90 Minuten auf den Gesichtern ablesen zu müssen, was auf dem Spielfeld passierte. Das Spiel durch die Emotionen der anderen verfolgen zu müssen. Sich nicht umdrehen zu dürfen. Eine Riesenleistung, die schon an Masochismus grenzte. Ich wollte in Erfahrung bringen, wie ich auf keinen Fall auf diese Position kam.
Das Sommermärchen konnte beginnen. Ich war bereit.

Doch dann passierte etwas, mit dem ich nicht gerechnet hatte. Das heller als meine Fußballliebe strahlte. Viel heller. Etwas, das schöner war als Raketenbälle über das Werkstattdach schießen, beim Spielertelefon durchkommen und Klaus Augenthaler eine Frage stellen, die WM als Security-Personal im Stadion zu verfolgen und Klinsi treffen zusammen. Ich war schwanger. Und schwanger im Stadion als Security im guten Fall Ansprech-, oder im schlechten Anrempelpartnerin zu sein, wollte ich nicht.

Ich sah die WM und Klinsi am Fernseher. Als die Nationalmannschaft in Berlin gegen Argentinien im Viertelfinale stand, hatte ich schon ein kleines Buddhabäuchlein.
Das war mein Sommermärchen. Oder wie Buddha sagen würde, der Pfad zum Nirwana besteht in Einsicht und Gesinnung, dem richtigen Handeln und Leben, aus Anstrengung, Achtsamkeit und Konzentration.
Davon war im Achtelfinale gegen Argentinien wenig zu spüren. Klinsi schlug an der Seitenauslinie immer wieder die Hände über dem Kopf zusammen. Bei dem Ausgleich von Miro Klose in der 80. Minute machte er Bocksprünge an der Seitenauslinie, die ich an einem Einlasstor zu einem Rang sicher nicht so gesehen hätte. Auf den ersten verwandelten Elfmeter von Oliver Neuville folgte ein zweiter von Michael Ballack, ein dritter von Lukas Podolski und ein vierter von Tim Borowski. Und Jens Lehmann hält gegen Cambiasso. Hände gingen die Luft, auf den Rängen, auf den Tribünen, und ich überlegte, wie oft ein Kind am Tag gewickelt werden musste.
Vor dem Fernseher dachte ich an Klinsis Vater Siegfried, der vor einem Jahr gestorben war, und wie das wohl war, wenn ein Traum wahr wird, man ihn aber nicht mehr teilen kann: der Sohn als Nationaltrainer im Viertelfinale einer Weltmeisterschaft bei Hertha im Stadion.

Liebe Mama,

beim Vorlesen Deines Textes war ich erstaunt, als Du nun plötzlich schwanger warst. Zu erfahren, wie Dein Leben vor mir war, fasziniert mich sehr. Auch wenn ich nicht wirklich dabei war, freue ich mich, ein kleiner Teil der Geschichte gewesen zu sein.

Deine P.
Brief von P., 13.1.2025

Die letzte Auswärtsfahrt: Hohenwutzen

„Ich bin 50 Prozent vom Osten und 50 Prozent vom Westen", sagst du in einem Interview bei *Sport im Osten* mit diesem schwäbischen Zungenschlag, den jeder kennt. Das wusste ich nicht, und im Beitrag wundert man sich auch: „Unglaublich, zur Hälfte Ossi!" ist er übertitelt.[3]

In Hohenwutzen, Barnim, östlichstes Brandenburg, ist dein Vater aufgewachsen, machte dort eine Bäckerlehre und den Meister. Kurz vor dem Mauerbau hat er die DDR verlassen. Eberswalde und Usedom waren Stationen bei seinem Abschied. Dann Westdeutschland, irgendwann Botnang. Barnim und Botnang, wie geht das zusammen?
Nach dem Mauerbau seid ihr in den Sommern zurückgekehrt, sagst du. Vater Siegfried, Mutter Martha und vier Söhne, alle ein Jahr auseinander. Ich stelle mir vor, wie ihr Anfang der Sommerferien in Stuttgart das Auto gepackt habt. An der Tür der Bäckerei hing da schon seit Wochen das Betriebsferienschild. Aber in welches Auto passen zwei Erwachsene, Sack und Pack für einen Sommer, Geschenke für die Verwandten und vier Jungs?

Von Botnang bis Hohenwutzen ist es weit, über 700 Kilometer mit aneinandergepressten Oberschenkeln und Brüdergepiesacke. Das muss sich gezogen haben. Welchen Grenzübergang habt ihr genommen? Eußenhausen/Meiningen, Eisfeld, Melpers? Was haben euch die Eltern eingebläut, wenn es näher Richtung Grenze ging? Die Grenzer haben euch jedes Mal spüren lassen, dass dein Vater hätte dableiben sollen, sagst du mit einem feinen Lächeln, das andeutet, dass man sich den Rest denken soll. Von Berlin ist Hohenwutzen 78 Kilometer entfernt und schmiegt sich an die Oder, zeigt mir Google Maps. Bis zum 2. August 1945 lag auf der anderen Seite Niederwutzen, sagt Wikipedia. Heute heißt es Osinów Dolny. Aber im Volksmund ist Osinów Dolny Hohenwutzen, denn dort gibt es einen gleichnamigen Polenmarkt, obwohl er auf der anderen Seite der Oder liegt.

Ich beschließe, dir ein zweites und wahrscheinlich letztes Mal hinterherzureisen. Diesmal in deine Vergangenheit.

Vom Bahnhof Berlin-Gesundbrunnen nehme ich den Zug nach Eberswalde und steige in Bad Freienwalde aus. Von dort fährt der Bus noch eine Stunde nach Hohenwutzen. Schulkinder drängeln hinein. Ein Fahrer lernt einen jüngeren an, zeigt ihm auf der Strecke Wege, Wendeschleifen und Haltestellen.

Als ein Auto uns auf einer Kopfsteinpflasterstrecke knapp überholt, deutet der Busfahrer am Beifahrersitz auf das Kennzeichen und sagt: „OHV. Ohne Hirn und Verstand."
Ich steige an der Station „Hohenwutzen, Dorf" aus. Auf dem Friedhof gibt es eine Kriegsgräberstätte. Aus einer fast vollständig geschlossenen Moosdecke ragen Grabmale. Das Wetter der letzten hundert Jahre hat sich schwarz eingeprägt in die Namen derer, an die erinnert wird. Das Moos unter mir schluckt die Geräusche meiner Schritte.
Die Toten des Ortes aus dem Ersten Weltkrieg. Männer, die einen anderen Beruf gelernt hatten, aber als Musketiere, Grenadiere, Pioniere, Reservisten oder Wehrmänner bestattet wurden. Die Grabmale stehen alle aufrecht, wie eine vergessene Armee. Wie kann das sein, nach über hundert Jahren, frage ich mich. Ich finde kein Grab eurer Familie auf dem Friedhof, gehe zurück zur Bushaltestelle. An einem roten Laternenpfahl pappen zwei Unionaufkleber, zwei von Hertha sind halb abgekratzt. Bleibt die Hertha am Ende der Verein, der dich gefunden hat? Es war der Verein deines Vaters. VfB gegen Hertha, dein erstes Spiel im Stadion. Dein Sohn, der einen Profivertrag als Torwart dort hatte. Das WM-Viertelfinale gegen Argentinien 2006 im Berliner Olympiastadion. Und du warst Trainer von Hertha, wenn auch nur von November 2019 bis Februar 2020.

Neben der Bushaltestelle „Hohenwutzen, Dorf“ liegen die Feuerwehr und ein Betriebshof. In einer Garage dort sitzen zwei Männer. Ich frage nach der Familie Klinsmann. „Das letzte Haus vor der Ampel rechts ist es“, sagen sie. „Aber die sind vor ein paar Jahren weggezogen.“
Ich will es mir trotzdem anschauen, den Ort, wo du deine Sommerferien verbracht hat. Ich laufe über den Dorfanger. Da wird eingeladen zu 112 Jahre Freiwillige Feuerwehr im Ort. Ein Fest mit ganzen sieben Programmpunkten: Begrüßung, Blaskapelle aus Schulzendorf, Tanz der Cheerleader, Ukulele, Tanz der Hupfdohlen, Live-Band „Feedback Berlin“, Disko mit DJ Tiefenrausch und Lasershow. Bis zwei Uhr morgens soll die Feier gehen, kündigt das Plakat an.
Das letzte Haus vor der Ampel rechts ist das letzte vor der polnisch-deutschen Grenze. Die Ampel war den beiden im Betriebshof eher als Wegmarke in den Sinn gekommen als die Staatsgrenze. Eine Oderbrücke spannt sich hinter dem Haus auf, lässt es klein erscheinen, obwohl es eher ein Anwesen ist. Am Wellblechtor hängt die Klingel, ein Knopf mit handgeschriebenem Namensschild daneben: H + E Klinsmann. Die Schrift kippt am Ende ein wenig nach rechts unten, als hätte die Person im Schreiben gedacht, dass der Name nur so auf das Schild passen würde. Und der Name an der Klingel bleibt für mich die einzig sichtbare Vergewisserung,

dass die Familie Klinsmann hier gelebt hat. Ein paar Koniferen, eine Blautanne und das Wellblechtor verstellen die Aussicht auf den Hof. Am Tor hängt eine Werbung für das Autohaus Winter in Wriezen.

In dem Fernsehbeitrag gibt es einen Videoschnipsel in Schwarz-Weiß. Er zeigt einen Jungen, der im Tor nach einem Ball hechtet. Den Spielfeldrand bildet ein Bretterzaun. Bist du der Junge im Tor?

Vielleicht verstehe ich plötzlich, was es gewesen sein könnte, das mich damals an dir so interessiert hat. Es liegt nicht auf der Hand, ich konnte es nicht wissen, aber der Ort erzählt es mir: das Dazwischen-Sein, das man auf den ersten Blick nicht sieht.
In dem Interview sprichst du über den Zusammenhalt und dass die Deutschen „doers" seien, Macher, wie man in den USA sagt. Das Interview ist schon ein paar Jahre alt. Auf blauen Plakaten werben derweil fünf Männergesichter für ein „Bürgerfest für Souveränität" vor der anstehenden Landtagswahl. Hohenwutzen mit seinen zuletzt 728 gezählten Einwohnern und Einwohnerinnen ist jetzt AfD- und BSW-Land. Bei der letzten Europawahl gaben 38 Prozent der AfD und 14,5 Prozent dem BSW ihre Stimme.
Ich will weg, laufe über die Oderbrücke nach Polen.

Seit 1753 gibt es eine Brücke. 1936 wurde in Niederwutzen eine Papier- und Zellstofffabrik gebaut,

1945 wurde sie demontiert und in die Sowjetunion verbracht. Auf dem Gelände ist heute ein Polenmarkt mit siebenhundert Ständen, zum Verlaufen. Aus Berlin fahren Shuttlebusse hierher, dreimal täglich ab Lichtenberg, die einfache Fahrt kostet fünf Euro. Ich schaue den Rentnerinnen zu, die sich in den Friseursalons die Haare schneiden und föhnen lassen, Kaffee trinken und Kuchen essen. Im Gartencenter gibt es Geranien und Gartenzwerge, an den Ständen eingelegte Riesengurken, Käse, Schokolade, Korbwaren und mehr. Ich bestelle Bigos und Bier bei einer Kellnerin in einem Restaurant, das mir beides ein Roboter mit blecherner Stimme und blau blinkenden Gesichtszügen, die mich an Babyspielzeug erinnern, serviert. Vielleicht liegt es am Roboter, aber in dem Raum sehen plötzlich alle aus, als hätten sie die Seele zu Hause gelassen. An den Zapfsäulen der Tanktourismus. Auf den Plakaten wird für Kaminholz geworben: Buche, Erle, Eiche und Birke. Für Tabak und Zigaretten, Wodka, Bier, Parfüm. Spargel. Feuerwerk. Über einer Warenstraße hängt ein schiefes Schild, sie soll Kurtstraße heißen, ich muss an die Schinkenstraße in Mallorca denken.

Mir wird es auch hier zu viel. Ich kaufe ein Stück Käse, ein Softeis und polnische Waffeln, die übrigens Weltkulturerbe werden sollten, weil sie so lecker schmecken. Zum Friseur gehe ich nicht, Benzin brauche ich nicht, eine Zigarettenstange oder

Tabak? Mir fällt nicht ein, für wen. Dann laufe ich über die Oderbrücke zurück. Einmal noch bleibe ich am ehemaligen Klinsmann-Anwesen stehen, einen Moment ergreift mich die Schüchternheit, mit der ich im Alter von zwölf das erste Mal „Lieber Jürgen" geschrieben habe. Ich traue mich nicht, das Haus und den Hof näher zu umrunden, durch die Lücken in den Zaunlatten oder an den Koniferen vorbeizulinsen. Es nieselt. Ich stelle mich im Wartehäuschen unter, bis der Bus kommt.

Finale, vorläufiges

Auf meiner Bucketlist als Zwölfjährige hatte gestanden:

1. Boxen lernen
2. jeden Tag den gleichen dunkelgrünen Pulli tragen
3. Sonntags um neun nicht mehr die Messe besuchen müssen
4. ein Rad mit Herrenrahmen fahren
5. Jürgen Klinsmann treffen

Von diesen Wünschen ist einer in Erfüllung gegangen.
Heute weiß ich, dass Wünsche, die auf der Seele brennen, auch verlöschen können. Nur Boxen lernen würde ich immer noch gern. Das geht jetzt. Ohne dass es heißt, Mädchen sollen das nicht machen, sonst bekämen sie später Krebs von den Schlägen auf die Brust, genauso wie von den harten Bällen beim Fußball. Den dunkelgrünen Lieblingspulli, ich kann ihn heute noch spüren. Er wurde mit jedem Waschen rubbeliger, und ist auf einem Klassenfoto verewigt. Ich habe ihn irgendwann gehen lassen. Seit letztem Jahr muss ich nun wirklich nicht mehr sonntags um neun die Messe besuchen. Ich bin im

Sommer aus der Kirche ausgetreten. Ein Rad mit Herrenrahmen habe ich nie gehabt. Und einen Brief von Jürgen Klinsmann bekommen oder ihn einmal treffen? Never happened. Ich habe auch durch Klinsi angefangen zu schreiben, und das ist schon was, sehr viel sogar.

Bei einem Wunsch bleibt ein Bedauern zurück, das noch immer wie eine Rauchsäule in den Himmel steigt. Aber den behalte ich für mich.

1 Die Briefe an Klinsi, von denen ich keine Kopien gemacht habe, warum auch, habe ich in einem Schulheft nachempfunden und ans Ende der Kapitel gestellt. Ich habe die Schreibschrift neu gelernt und mich dabei wieder ins Briefeschreiben verliebt. Schreibt mir. Ich werde antworten, versprochen: Michaela Maria Müller, c/o Verlag Voland & Quist GmbH, Gleditschstr. 66, D-10781 Berlin.

2 Für einen Ohrwurm und einen schwäbisch sprechenden Hape Kerkeling hier das Video:

3